世界哲學家叢書

巴　克　萊

蔡　信　安　著

1992

東大圖書公司印行

國立中央圖書館出版品預行編目資料

巴克萊／蔡信安著．--初版．--臺北市
　：東大出版：三民總經銷，民81
　　　面；　　　公分．--（世界哲學家
　叢書）
　參考書目：面
　含索引
　ISBN 957-19-1427-4（精裝）
　ISBN 957-19-1428-2（平裝）

　1.巴克萊（Berkeley, George,
　　（1684-1753)-學識-哲學

144.41　　　　　　　　　　81004001

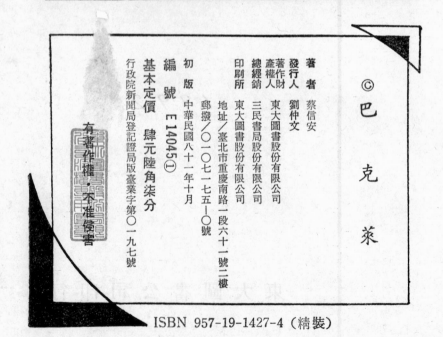

ⓒ 巴 克 萊

著　　者　蔡信安
發 行 人　劉仲文
產權作財人　東大圖書股份有限公司
總 經 銷　三民書局股份有限公司
印 刷 所　東大圖書股份有限公司
　地址／臺北市重慶南路一段六十一號二樓
　郵撥／〇一〇七一七五—〇號
初　　版　中華民國八十一年十月
編　　號　E 14045①
基本定價　肆元陸角柒分
行政院新聞局登記證局版臺業字第〇一九七號

ISBN 957-19-1427-4（精裝）

獻　　給

四十四年來一直站在基督福音崗位上的

岳父母 鄭泉聲 牧師和牧師娘

「世界哲學家叢書」總序

　　本叢書的出版計劃原先出於三民書局董事長劉振強先生多年
來的構想，曾先向政通提出，並希望我們兩人共同負責主編工
作。一九八四年二月底，偉勳應邀訪問香港中文大學哲學系，三
月中旬順道來臺，即與政通拜訪劉先生，在三民書局二樓辦公室
商談有關叢書出版的初步計劃。我們十分贊同劉先生的構想，認
為此套叢書（預計百冊以上）如能順利完成，當是學術文化出版
事業的一大創舉與突破，也就當場答應劉先生的誠懇邀請，共同
擔任叢書主編。兩人私下也為叢書的計劃討論多次，擬定了「撰
稿細則」，以求各書可循的統一規格，尤其在內容上特別要求各
書必須包括(1)原哲學思想家的生平；(2)時代背景與社會環境；
(3)思想傳承與改造；(4)思想特徵及其獨創性；(5)歷史地位；
(6)對後世的影響（包括歷代對他的評價），以及(7)思想的現代
意義。

　　作為叢書主編，我們都了解到，以目前極有限的財源、人力
與時間，要去完成多達三、四百冊的大規模而齊全的叢書，根本
是不可能的事。光就人力一點來說，少數教授學者由於個人的某
些困難（如筆債太多之類），不克參加；因此我們曾對較有餘力
的簽約作者，暗示過繼續邀請他們多撰一兩本書的可能性。遺憾

的是，此刻在政治上整個中國仍然處於「一分為二」的艱苦狀態，加上馬列教條的種種限制，我們不可能邀請大陸學者參與撰寫工作。不過到目前為止，我們已經獲得八十位以上海內外的學者精英全力支持，包括臺灣、香港、新加坡、澳洲、美國、西德與加拿大七個地區；難得的是，更包括了日本與大韓民國好多位名流學者加入叢書作者的陣容，增加不少叢書的國際光彩。韓國的國際退溪學會也在定期月刊《退溪學界消息》鄭重推薦叢書兩次，我們藉此機會表示謝意。

原則上，本叢書應該包括古今中外所有著名的哲學思想家，但是除了財源問題之外也有人才不足的實際困難。就西方哲學來說，一大半作者的專長與興趣都集中在現代哲學部門，反映着我們在近代哲學的專門人才不太充足。再就東方哲學而言，印度哲學部門很難找到適當的專家與作者；至於貫穿整個亞洲思想文化的佛教部門，在中、韓兩國的佛教思想家方面雖有十位左右的作者參加，日本佛教與印度佛教方面卻仍近乎空白。人才與作者最多的是在儒家思想家這個部門，包括中、韓、日三國的儒學發展在內，最能令人滿意。總之，我們尋找叢書作者所遭遇到的這些困難，對於我們有一學術研究的重要啟示（或不如說是警號）：我們在印度思想、日本佛教以及西方哲學方面至今仍無高度的研究成果，我們必須早日設法彌補這些方面的人才缺失，以便提高我們的學術水平。相比之下，鄰邦日本一百多年來已造就了東西方哲學幾乎每一部門的專家學者，足資借鏡，有待我們迎頭趕上。

以儒、道、佛三家為主的中國哲學，可以說是傳統中國思想與文化的本有根基，有待我們經過一番批判的繼承與創造的發

展，重新提高它在世界哲學應有的地位。為了解決此一時代課題，我們實有必要重新比較中國哲學與（包括西方與日、韓、印等東方國家在內的）外國哲學的優劣長短，從中設法開闢一條合乎未來中國所需求的哲學理路。我們衷心盼望，本叢書將有助於讀者對此時代課題的深切關注與反思，且有助於中外哲學之間更進一步的交流與會通。

　　最後，我們應該強調，中國目前雖仍處於「一分為二」的政治局面，但是海峽兩岸的每一知識份子都應具有「文化中國」的共識共認，為了祖國傳統思想與文化的繼往開來承擔一份責任，這也是我們主編「世界哲學家叢書」的一大旨趣。

傅偉勳　韋政通
一九八六年五月四日

自 序

　　哲學是出自人類經驗與智慧的結晶，哲學家就是結晶的提煉者與傳承者，他們的貢獻本不侷限在各自的時代和國度裡，因為這些結晶在後人使用之下，足以促進人類本身的悟性能力，並獲得知識原則——使人類得到至善，真正的幸福。但是要使用它，就需要先了解它，讓它用我們自己的語言說出來。

　　愛爾蘭哲學家喬治‧巴克萊是一位世界性的哲學家，在西洋哲學史上，時常跟英格蘭的洛克和蘇格蘭的休謨合稱為古典英國經驗主義者。他們三位在哲學的論述上有許多相近之處，而且巴克萊是洛克的讀者，對於《人類悟性論》有深入的研究和批評。休謨對於巴克萊的思想也有獨到的見解。但是他們在哲學上都有獨自的創見，要介紹他們的哲學時，避免使用概括整派思想的哲學標籤以致湮沒其見解，因此，需要就該哲學家的作品或作為在該脈絡中所能表達的意義來詮釋。這種詮釋不是將我們拉回三百年前，因為這樣做是不可能的，也不需要。可是，他們的脈絡總需要清楚地勾劃出來。

　　因此，筆者要將巴克萊的生平和哲學的形成背景做簡略的介紹，來凸顯他的心思和特色。巴克萊的哲學是歷史的產物，他所處理的課題包羅萬象，從社會、政治、宗教到哲學各個層面。哲學課題本具有永恆性，各時代的哲人對於前人的回答不盡同意，

於是就接著提出他們認為「真正的答案」來。巴克萊也同樣地不滿意前人的解答，包括笛卡兒、牛頓、洛克、馬爾布蘭沙以及理神論者和他的老師布郎教授等等。巴克萊就指出他們的見解中的錯誤。因此，在各個課題上，都會提出一些相關的哲學立論，做為討論巴克萊哲學的背景。另外，也從當代哲學的立場來評論他。

七〇年代，筆者旅美期間，從師柏克教授 (Dr. Vernon J. Bourke) 學習中世紀哲學和倫理學，也從先師柯林士教授 (Dr. James D. Collins, 1917-1985) 去閱讀笛卡兒、洛克和康德，他更帶我去了解巴克萊，指導我完成博士論文。回國後，近十年來一直在教授「大陸理性論」與「英國經驗論」的課程，在此，深深感謝他們的教誨。

七、八年來，筆者一直盼望將巴克萊介紹給國內的讀者。由於近來，國外學術界對於巴克萊的研究，有許多新的詮釋，故在教學和研究並進之下，使我對原先詮釋一直有所修正。因此，本書的每一章都經過多次的修正或重寫。所以，本書的詮釋跟以前我所發表的內容有所出入。

對於巴克萊哲學的探究或介紹，一般都把重點放在早期的知識論和形上學課題上，因為巴克萊將這兩個課題放在一起來討論，所以，筆者也分別用兩章的篇幅來論述。本書也採取他的方式，將第三章〈存在〉的課題上用知識論及形上學兩個不同的進路同時並進。第二章做為後面兩章的導論。

另外，道德哲學的課題對於巴克萊是非常重要的，何況，在這一方面他有獨到的見解。在時間上，他的立論要比今日的規則效益主義（rule-utilitarianism）早了兩百多年。近年來的巴克萊學者們也一直在這方面提論文或專著。雖然巴克萊作品中在

道德哲學上的專著比知識論方面少得很多，我們仍然以相當長的篇幅來討論和批評他的道德哲學。然而，巴克萊是誰，應該是由他自己來介紹的。筆者不認為任何的二手資料可以取代原著。本書是屬拋磚引玉之作，希望他的哲學對於我們的學術也有所貢獻。

　　國內的學術界對於某些外國術語的翻譯上是否有一致？即使在某些術語上有一致，可是，恰當與否？也是另一個課題，這正是介紹西洋哲學的人所遇到的困擾。在本書中，筆者用「效益主義」來取代已存的「功利主義」做為 utilitarianism 的譯名，因為「功利主義」在我們的文化及學術界有它殊特的意義，跟英語意義出入很大，不僅造成學術界討論「功利主義」時，被看成「急功好利」的意義，甚至於有的哲學教授將它引伸，說「功利主義」是「沒道德」，只有中國人講義務才是「有道德」。筆者在此不討論這一個「道不道德」的課題，但是使用「效益主義」做為該詞的譯名，希望不要引起更多無謂的紛爭。

　　本書中有些章節已在臺大哲學系內的研討會中宣讀過，承蒙系裡同仁提供他們的見解，在此致謝。另外，也要感謝我的大哥、二哥在經濟與精神上長期的資助以及內人使我無後顧之憂，讓本書得以順利完成。

蔡　信　安

臺北，臺大，1992

ABBREVIATIONS

Alciphron: *Alciphron: or, the Minute Philosopher*

Analyst: *The Analyst: or, a Discourse Addressed to an Infidel Mathematician*

AT: Descartes, *Oeuvres de Descartes*, edited by Ch. Adam and Tannery, rev. Paris. Vrin/C.N.R.S. 1964–1976, 12 vols.

BLJ: *Berkeley's Letters to Samuel Johnson*

CSM: R. Descartes, *The Philosophical Works of Descartes* trans. by John Cottingham, Robert Stoothoff, and Dugald Murdoch 3 vols. Cambridge: University Press, 1991.

DM: De Motu

Essay: John Locke, *An Essay concerning Human Understanding,* edited by Peter Nidditch, Oxford: Clarendon, 1979.

HR: *The Philosophical Works of Descartes* by R. Descartes, trans. E. A. Haldane and G. R. T. Ross, 2 vols. Cambridge: University Press, 1972.

NTV: *An Essay towards a New Theory of Vision*

PC: *Philosophical Commentaries*

PO: *Passive Obedience*

Principia: Sir I. Newton, *Philosophiae Natualis Principia Mathematica*, trans. Andrew Motte, translation revised by F. Cajori. 2 vols. Berkeley: University of California, 1962.

Principles: A *Treatise Concerning the Principles of Human Knowledge*

Siris: *Siris: A Chain of Philosophical Reflexions and Inquiries*

Three Dialogues: *Three Dialogues between Hylas and Philonous*

巴 克 萊 目 次

第一章　巴克萊生平及其背景思想

一、前　言

　　西元 1685 年 3 月，英國哲學家洛克 (John Locke, 1632-1704) 正在荷蘭爲那一部從事多年卻未完稿的鉅著《人類悟性論》❶忙碌時，在愛爾蘭卻有一位醉心於此作品的哲人誕生，他是喬治‧巴克萊(George Berkeley, 1685-1753)。巴克萊在學生時代因爲喜愛洛克的這部經典著作，特別爲此成立一個讀書會，也因爲如此喜愛哲學，放棄所主修的數學，畢業後改攻哲學，爲探究哲學下了一番功夫，發表了許多哲學作品，爲洛克所開創的「新哲學」揭開另一幕，在西方哲學史上開創另一個領域，這就是後世所稱頌的「英國經驗論」。他們的立論影響了蘇格蘭的大衛、休謨 (David Hume, 1711-1776)，世人稱他們三人爲古典英國經驗論者❷。他們的哲學也成爲英國哲學主流，跟歐陸的理性論相媲美。

　　哲學不是一種突然從天而降的學問，哲學家也不是在象牙塔裏成長的，而是需要從歷史的傳承和社會的脈絡中培養出他特有的哲學立論。巴克萊哲學就是深受前人的哲學立論和時代所薰陶。至於他自己的哲學類別，各個不同時代、立場的人，產生不

同的見解了。「經驗論」是一般人對他的了解， 可是康德 （I. Kant, 1724-1804）卻認為巴克萊是個「主觀唯心論者」。當代學者反而認為他是「愛爾蘭的笛卡兒學派」，或者「實在論者」。可見對於哲學的詮釋不是一件容易的事。

巴克萊哲學不僅在西洋哲學史上佔有一席之位，對於二十世紀的哲學、科學的影響，不減當年，反而呈現有增無減的趨勢。在十多年前巴克萊學會成立，會員與日俱增，討論的論文與專書衆多。更重要的是他的哲學對於我們的文化也具有啓發性。如果要將中國哲學向世界推銷的話，對於以往的哲學，巴克萊如何做批評和融貫，也是值得借鏡。因此筆者希望將這一位對中國人比較陌生的哲人介紹給中文的讀者，讓大家重新去閱讀他的作品，了解他的思想，以建立我們自己的哲學。讓我們從他的生活背景來揭開探討的序幕。

巴克萊的生平大致可分為三個時期，在哲學創作和生活型態上都有不同。我們姑且用早、中、晚三期來區分它。

1. 早期是哲學創發期，（大約是1685-1721年），許多哲學經典著作就是在這一個時期完成的，在文筆上具有清晰、敏銳的批判力，洛克哲學的影子似乎可見。大學教材大致採自此期。

2. 中期是哲學思想圓融期，也是「社會生涯期」，（大約是1721-1734年），有世界性的視野，熱心教育、宗教、政治與社會問題，具有大思想家的氣魄，《亞勒西逢》就是將哲學、宗教與科學融會貫通的作品，也是盛極一時的護教學作品，批評當時的理神論，重新詮釋基督教信仰。

3. 晚年是落葉歸根期，也是「牧範生涯期」（大約是1734-1753年）。宗教信仰在他生命中一直是最重要的，以往以哲學作品來詮

釋信仰，如今以生命去述說信仰的本質，落實於鄉土的建設，關懷教區信徒們日常生活，在哲學上採取柏拉圖主義(platonism)去表達他的立論，雖然在哲學見解上跟早期相同，但是處處表現著融會貫通，圓融而不是批評，具有老人的穩重和沉著。

讓我們就這三個時期來探究巴克萊的生平、思想背景與著作，做爲本章的主題，然後再依哲學課題 ——「知識」、「存在」與「道德」三項來討論他的哲學。這將是下面三章的主題，我們採取陳述與批評的方式來做爲探究的方式。

二、早期的哲學創發生涯 (1685-1721)

在 1685 年 3 月 12 日，喬治・巴克萊在愛爾蘭的啓耳肯尼(Kilkenny) 近郊出生。父親威廉・巴克萊 (William Berkeley) 是英國後裔。母親伊麗莎白 (Elizabeth) 是蘇澤南(Francis Southerns) 的女兒，蘇澤南可能跟魁北克英雄渥爾夫將軍 (General Wolfe) 的家族有親戚關係。威廉和伊麗莎白一共生了六個兒子，喬治是排行老大。

1697 年 7 月17日，喬治・巴克萊進入啓耳肯尼學校，被安置於第二班。伯萊爾 (Thomas Prior, 1679-1751) 是他在這裏的同學，也成爲他的終身好朋友，他們之間有許多書信往來，就是今日我們研究巴克萊的主要資料之一。伯萊爾比巴克萊晚了六個月上啓耳肯尼學院，但是比他早一年進入 都柏林的三一學院(Trinity College)。在 1700 年 3 月，巴克萊 16 歲時，到三一學院主修數學。四年後畢業，獲得文學士學位。他所崇拜的哲人洛克就在這一年去世。

4 巴 克 萊

洛克在 1690 年出版《人類悟性論》，對於歐洲學術界尤其在英國本土造成一大震撼，到 1700 年該書就變成劍橋大學的教科書，他的哲學也成為「新哲學」。這對於剛接受大學教育的巴克萊而言，是一個知性教育的焦點。但是洛克哲學本身不是一個孤立獨存的理論，它是從幾世紀以來，尤其是近百年來的自然哲學所孕育而成的，他要為這些自然哲學和宗教、倫理信仰提供知識論和形上學的基礎。在他致讀者書信中指出，他是要為真正的事物知識做清道伕的工作，「事物真正的知識」就是包括當時的自然科學的知識，代表人物就是在 1687 年出版《自然哲學的數學原理》(*Principia*) 的牛頓 (Sir Isaac Newton, 1642-1727) 和化學家波義耳 (Robert Boyle, 1627-1692)。牛頓是當時自然科學的泰斗，巴克萊當然對他的立論詳加研究，以後巴氏在科學性的討論都以牛頓為討論的焦點。他們的哲學乃是一種「數學、機械化的自然哲學」(mathematical-mechanical natural philosophy)。

牛頓在物理學上的成就是有目共睹的，在數學上的成就也是劃時代的，英國人認為微積分是源自於牛頓，而德國人認為是源自於他們的哲人萊布尼芝 (G. W. Leibniz, 1646-1716)，萊布尼芝在學識上是格外地廣博，在哲學史上的地位是跟柏拉圖、亞里士多德、笛卡兒同屬一流的。就微積分而言，他跟牛頓各自發展的這種新數學確實是吸引了專攻數學的巴克萊，可是巴克萊一開始就對它有微詞，認為這一門所謂嚴密學問有嚴重的缺失，根本沒有他們所謂的嚴密性。關於這一點，在下文詳加討論。

牛頓不僅是英國皇家學院院士，自從1703年即任院長之職，直到逝世為止。他的科學方法深深地影響整個科學界，在 1704

年所出版的《光學》(*Opticks*) 第一部就開宗明義地說:「本書
的設計不是以假設來解說光的性質，是以理性及實驗來陳述及指
證它們❸。」真正的事物知識並不是靠假設，尤其是不可驗證的形
上學假設來說明的。他以及這輩自然哲學家們認為要透過觀察、
實驗來了解它們的性質，找出自然律來，而且可以使用數學的語
言去表達所理解的存有。牛頓就是運用這種方式去掌握這一部巨
大的「機械」，《 自然哲學的數學原理 》就是這種理念的精品。

　　科學知識本質之一就是詮釋和預測。就詮釋而言，亞里士多
德提出四因說，就是以質料因、型相因、動力因和目的因去說
明事物。以後一千多年的自然哲學界，把四因說當作一種基本的
典範。但是自從現代自然科學興起，伽利略 (G. Galilei, 1564-
1642) 之後，科學家們大致放棄其中三因，只保留動力因做為詮
釋的要素，牛頓的物理學卽是如此。這種立場乃深受萊布尼芝和
巴克萊的批評，他們認為動力因的詮釋是不充足的，巴克萊甚至
認為那只是次義的因，第一義的因，就是目的因，而且這種詮釋
才符合他們的基本目的，要將科學、哲學和宗教信仰整合。

　　以往的學者以為洛克哲學是要將牛頓物理做哲學詮釋。事實
上，洛克的《人類悟性論》本身是深受波義耳以及薛登漢(Tho-
mas Sydenham, 1624-1689) 所影響。洛克本人也行醫，在
《人類悟性論》中所採用的「 歷史、 平實的方法 」(historical
plain method) 就是當時的經驗醫學的方法，是從他的醫學老
師薛登漢所習得的❹。又洛克曾為波義耳的助手，波氏的許多作
品是經由洛克的手出版的。波氏極力反對中世紀以來的「實體型
相」(substantial form) 理論，採取微粒哲學來詮釋事物，這
種立論和方法都在《人類悟性論》中構成主要的架構。

巴克萊受到這類自然哲學和宗教信仰的薰陶，但是批判性地
接受，揚棄其中他認為錯誤或矛盾的立論，整理出一套他自己的
哲學。但是他的哲學需要承受一直在活躍的懷疑論的挑戰，為知
識的可能性和宗教信仰做辯護。

懷疑論 (Scepticism) 是古希臘哲學的一支，但是沒有受到
當代的重視，最大的原因是柏拉圖與亞里士多德的哲學是顯學，
像亞里士多德就是亞歷山大大帝的老師，亞氏學生遍天下，懷疑
論很困難突破社會困境。至於中世紀一千多年的歐洲思想界，深
受基督教的影響，教父們不是採取新柏拉圖主義就是亞里士多德
主義來詮釋宗教信仰，這兩種主義依然成為中世哲學的主流，然
而文藝復興，使宗教改革、懷疑論應運而生。

文藝復興對於西方文化的衝擊遍及各個層面，從藝術、政
治、經濟、社會到宗教和哲學各領域。它促使個人主義的擡頭，
宗教改革和近代自然科學的興起。就宗教信仰而言，信仰的純正
性和準則性，成為交相爭執的課題。然而對宗教課題無法做解決
時，就懷疑是否能夠認識神而獲得拯救，於是討論的課題就轉
到認知上，探討知識的可能性，知識的起源、性質、範圍與確
定性。古希臘時期的懷疑論應運復活，第二、三世紀燕皮銳克士
(Sextus Empiricus) 所著的《皮羅主義大綱》，就從十六世
紀之後一再地被重印 ❺。在1569年第一部完整拉丁文譯本出現以
後，也部份地被譯成、英、法文。到 1725 年，第一部完整的法
文譯本問世。更重要的是有許多學者、文學家、神學家、哲學家
為懷疑論做辯護，甚至於倡導之。例如，孟達尼 (Michel de
Montaigne, 1533-1592)、謝農 (Pierre Charron, 1541-
1603)、卡密 (Bishop Jean-Pierre Camus)、蓋森第 (Pierre

Gassendi, 1592-1655)、饒列 (Sir Walter Raleigh, 1552?-1618)、拜爾 (Pierre Bayle, 1647-1706) 以及早期的英國皇家學院的威爾金玆 (Bishop John Wilkins) 和格蘭衛勒 (Joseph Glanvill, 1636-1680) 都是懷疑論者，懷疑論成為文藝復興以來歐洲的「新哲學」，否定人類知識的可能性，知識的確定性蒙受空前的挑戰。

笛卡兒(René Descartes, 1596-1650) 及其以後二百多年的近代歐洲哲學家卽因懷疑論而轉變所討論的課題和方法。笛卡兒為了要反擊懷疑論，於1641年出版《沉思錄》，為人類知識、信仰和倫理奠基，就此努力而言，他說：「我是第一個哲學家將懷疑論者的質疑給予打垮的人❻。」雖然笛卡兒那麼有自信，但是他所開導的二元論及透過觀念的方式來認識自然界，是不是開啓更大的漏洞給懷疑論者攻擊呢？歷史所顯示的事實是，懷疑論並不因此消聲匿跡，後代學者甚至認為他開啓另一個懷疑論之門。

洛克從人類知識的起源、確定性和範圍去回應懷疑論，認為人的心靈如白紙，沒有與生俱來的先在觀念 (innate idea) 刻在人的心板上，一切的觀念經由經驗中去獲得，也就是要透過感官的感覺和心靈本身的反省才能夠得到觀念，人類無法超越觀念的範圍去認識存在。況且存有的性質中，我們所能確知的只是初性的部份，至於次性本身是為何物，我們無法以符應的標準來確定它們是什麼。所以，可以說我們人類所能知道的是非常有限。對洛克本人而言，從宗教信仰和實際生存的需要的立場回應懷疑論，他引用《聖經》的話：「上帝的神能已將一切關乎生命和虔誠的事賜給我們❼」(《彼得後書》*1*:3) 也就是說：

「將對於現世生命安適的事以及致更美好境界的道路,已讓
我們可以獲得。對於存有的普遍和完美的了解,這種知識是
何等地缺乏呀! 但是只要有光芒來引導人們獲得神和義務
的知識,就是保全了最關懷的了。」(*Essay,* I, i, 5, p.45)

人類的悟性不能夠認識所有的事物, 也不能經由它獲得眞理, 但
需要懂得最重要的兩項, 就是今生的義務和靈魂永生, 它們是存
在於我們對神和人本身的義務上的知識, 雖然理性無法傳遞完全
的自然律知識, 但在信仰中可以接受它們。

　　對於巴克萊而言, 採取這種立場, 不僅沒有給予基督徒的信
仰有「正確的」詮釋, 神的善意也不在這種方式下展現出來; 換
言之, 否定人類認知能力不僅在宗教信仰上沒有獲得益處, 也讓
科學知識變成不可能, 使得人類知識蕩然無存。 因此, 早期的
巴克萊就像笛卡兒和洛克, 重新探尋知識的根基, 指出知識的原
理, 期望使人類獲得幸福。

　　柏拉圖主義對於巴克萊也具有重大影響力, 我們也需要了解
它在巴克萊時代的情形。

　　基督教的《新約聖經》是以希臘文寫成的, 語文不僅是工具
或媒介, 它本身就是一種文化結晶, 將文化中的價值、思想和宇
宙觀融合一體; 而當時盛行的哲學更具有影響力, 《新約》的作
者們就採用柏拉圖主義陳述的信仰。希臘文也負起了傳遞基督教
信息的功能, 尤其是第四福音書(《約翰福音》)和聖保羅的書
信, 就採取肉體和精神二元論的文詞, 認為精神是具有最高的價
值, 肉體生命只是暫時性的。這種見解自從基督教擡頭, 經過敎
父聖奧古斯丁 (St. Augustine, 354-430 A.D.) 採取新柏拉圖

學派的理論來註釋信仰，更使得柏拉圖主義流行於西方世界。

　　然而，到了中世紀的聖托瑪斯（St. Thomas Aquinas, 1225-1274 A.D.）探取亞里士多德的理論來註釋信仰，並且對於亞里士多德的作品也給予詮釋，使得亞里士多德學派的哲學漸漸取代柏拉圖主義。

　　到十五世紀中期，柏拉圖主義又在義大利的佛羅倫斯學院復興，由卡西墨・得密底西（Casimo de Medici）所倡導，其中著名的學者如費西諾（Marisilio Ficino, 1433-1499），翻譯柏拉圖和普洛太諾斯（Plotinus, 205-270）的作品，並且撰寫了《靈魂不朽的柏拉圖神學》（*Theologia Platonicao de Immortalitate Animarum*）。這種柏拉圖主義就是基督教化的哲學。

　　在十六世紀時，這種基督教化的柏拉圖主義傳入英國，柯烈（John Colet, 1466-1519）即是牛津的柏拉圖主義者。又如托瑪斯・摩爾（Thomas More, 1478-1535），《烏托邦》的作者，就是深受它的影響。到十七世紀，它卻從牛津轉移到劍橋，形成一個柏拉圖主義的集團，大部份的成員都是劍橋以馬內利學院出身的，而稱為「劍橋柏拉圖主義者」，健將有韋奇可特（Benjamin Whichcote, 1609-1683）、史密斯（John Smith, 1618-1652）、柯德俄妓（Ralph Cudworth, 1617-1688），只有亨利・摩爾（Henry More, 1614-1687）是由基督學院出身的。這種柏拉圖主義對於巴克萊的宗教信仰和精神存有的重視有密切的關係，尤其晚年的作品《存在鏈》❽，更彰顯此潮流對巴氏的影響。

　　我們回到巴克萊本人的生平。巴克萊在 1704 年從三一學院畢業之後，繼續留在學院做研究，到 1707 年獲得文學碩士的學位。然而他的興趣卻從數學轉移到哲學，以哲學當作他的事業。

他在這期間發表兩篇數學的論文，即是〈算術〉及〈數學雜文〉，另外有一篇未發表的文章〈論無限〉，到1901年才為《巴克萊全集》編輯者從三一學院圖書館找出來。可是此文未註明日期，可能是1705到1706年間的作品。在〈數學雜文〉中，巴克萊認為，代數是人類知識的典範、一切數學的核心及鑰匙，為一切科學的基礎。至於〈論無限〉一文，他從觀念的立場來批評微積分的無限小概念。如果按照洛克的理論，文字的意義就是以心中的觀念當作它的指謂的話，那麼，心中有沒有無限的觀念存在也無法產生相對觀念。如果它是一個「簡單觀念」(simple idea)的話，要從何管道獲得？我們沒有任何管道獲得它，當這個語詞沒有觀念符應，所以它是無意義。這種見解就一直存在於巴克萊哲學之中，一方面對於新興的微積分作批判，另一方面用來為基督教信仰做辯護。在中期的《亞勒西逢》以及跟當代的自由思想的數學家們筆戰的論文中就一再強調這個論點❾。

從 1706 到 1707 年，可能是巴克萊哲學成形期。在這時候他跟幾位朋友的讀書會就是討論洛克《人類悟性論》，並且做筆記，他說：「1706年12月7日我們簽名者同意在每週四下午五時聚會，目的是討論『新』哲學的部份課題❿……」洛克哲學就是當時英國的「新哲學」。這個討論卻培養出一位對於「新哲學」有批判性的哲學家出來。在這些筆記中留下這位哲學家從摸索他本人所能持有的哲學原則到確立這個原則的心路歷程。這個原則就是「非物質主義原則」──「存在即是被知覺或知覺」⓫。

筆記有兩卷，是巴克萊本人的思想札記，他沒有意願用筆記方式出版。直到十九世紀，編輯者佛雷色 (Alexander Fraser) 把它們收入全集中，並命名為 "The Commonplace Book"

（《札記》）。路斯（A.A. Luce）重新給予校訂，發現佛雷色把兩卷的順序顛倒了，又因這些筆記不是普通的札記，乃是哲學性評註，因此另命名《哲學評註》。其實這兩個名稱都不適合，「哲學探討」一詞應該更是適合，因這兩卷的探索，讓巴克萊在1709年、1710年分別出版兩本經典著作：《視覺新論》和《人類知識原理》❶。又它呈現這位哲人如何從混沌中確立他的理論。

巴克萊計劃將哲學有體系化地用三部書方式呈現出來：人類知識原理、道德哲學和自然哲學。在 1710 年出版《人類知識原理》就是此計劃中第一部，所以在第一版上，就印上 "Part I" 的記號。因此，該書的〈導論〉不光是該部的導論，應是該體系的導論❶。 很可惜， 他只出版第一部， 其他兩部都沒有存在。根據巴克萊的書信所載，他寫了第二部，但是在歐陸旅途中遺失了，他沒有興趣將相同的東西重新寫一次❶，最後一部也就沒有寫了。所以這一個計劃沒完成。直到1734年《人類知識原理》再版時，他乾脆將 "Part I" 拿掉，就是表示放棄早年的計劃。

這也不表示巴克萊只著重知識理論。其他兩部份對於他來說確實很重要的。 1712 年，在都柏林三一學院的教堂做了三次的演講，這些演講的主要內容就是關於道德理論，倡導倫理規則效益主義❶。這要比邊沁（Jeremy Bentham, 1748-1832）和穆勒（John Start Mill, 1806-1873）早了六、七十年。巴克萊將演講出版為《絕對服從》❶，另外，中期作品《亞勒西逢》❶也充滿了道德理論和自然哲學。在自然哲學方面的作品或討論也不少，沒有必要另撰一書來討論了。

巴克萊早期的作品深受後代學者所喜愛，他也自認為要了解他的哲學就要按照出版的順序去讀，我們就瀏覽一下他的作品，

首先就來看看在他生前出版最多次作品《視覺新論》。

甲. 《視覺新論》(*An Essay towards a New Theory of Vision*)

光學理論是一種流行的學問，笛卡兒和牛頓都對它有專門著作去討論，並且都取名爲「光學」。巴克萊所要討論的課題不是光學本身，而是對於光的視覺理論。雖然這種理論不是他本人所發現，毛利諾（William Molyneux）在他的《新光學》一書中就已經提出該理論。巴克萊是要利用這種理論來支持他對於洛克觀念哲學的批評，並且發展他本人獨特的觀念理論和自然哲學。譬如：

1. 我們的五種感覺（視、觸、味、嗅、聽）所獲得的觀念各由不同管道來的，在性質上各不相同，沒有一種觀念可以經由兩種以上的感覺器官所獲得。這是回應洛克在《人類悟性論》卷二中，第三到第五章的多管道見解，洛克不加以檢驗，尤其是第五章只用七十二個字就要一筆帶過。這種見解當時就遭受毛利諾的質疑，在該書第二版的第九章第八節裏附上毛利諾質問盲人習慣憑藉著觸覺分辨圓型或方型體，是否能夠在復明後首次單用視覺可能做出辨識呢？洛克未能直接回答，按照他的理論是可能。就毛利諾的理論而言，那是不可能的⓭。這個課題就是《視覺新論》的焦點之一。

2. 洛克認爲應該分爲初性和次性，巴克萊在本書中提出批評。

3. 巴克萊要認定視覺語言乃是造物主對人類所賦予的共同語言中的一種，觀念即是語言性。

這些見解對於《人類知識原理》一書的立論有論證和說明的效用，就是巴克萊在撰寫《人類知識原理》時的產物。

巴克萊對於視覺理論的重視可以從五次的出版來顯示出來，是他的作品中在生前出版最多次的作品，似乎看成他的哲學初步，譬如當《亞勒西逢》出版時就將《視覺新論》附於其後，而引起1732 年 9 月 9 日倫敦發行的《每日郵童》（*The Daily Post-boy*）刊載一篇匿名的文章來批評巴克萊。為此，於次年出版《視覺理論》⑲。在這一篇中，以綜合的方式陳述視覺跟哲學的關係，反駁泛神論、唯物論、宿命論，認為這些都是無神論的化身。這本書跟《視覺新論》具有互補的作用。然而這種視覺理論就是為了要建構知識理論，所以是研究巴克萊知識論時不得不讀的作品。

乙．《人類知識原理》(*A Treatise concerning the Principle of Human Knowledge*)

巴克萊在 1710 年出版《人類知識原理》，就書名和計劃而言，它是知識論的作品，但是主要的目的卻在副標題上去彰顯出來。副標題是：「探討科學中錯誤和困難的主要原因，以及懷疑論、無神論和非宗教的根基」。也就是為知識和宗教信仰找尋基礎。就知識而言，它可以讓人得到幸福。這種幸福乃從物質上的享受到靈魂的「得救」。而巴克萊是著重於宗教信仰，認定物質上的享受不是真正的幸福，真正的幸福就是讓人的「原罪」得到赦免，改變人的本質，成為神的真正兒女，與眾天使共享「天國的喜悅」⑳。如果要達成這個目的的話，唯有透過認識義務和敬畏上帝才有可能。所以在該書的最後一節裏指出，他的整個研究

所要達成的任務有二：「義務」和「神」兩項。如果不能因此而激發人對神的敬畏，放棄無謂的玄思，使人對於福音中眞理的崇敬和追求，以致於使人性止於至善的話，則整部作品都是徒然。宗教信仰是目的，哲學探究乃是工具，不是以宗教信仰來解釋哲學，是以哲學來澄清宗教信仰，讓宗教信仰在學術領域中佔據首位。使人類的知識和宗教信仰在生命中結合，也使它們更能服侍人生，獲得眞正的幸福。這是巴克萊一生中第一部最重要的哲學作品所要達成的目標，其實也是其他所有作品共同的總目標。不光是著作上，實際生活上他更是爲此目標而奮鬪，甚至去當主敎來達成這個目標。

這部作品的基本技巧是分析性。所採取的脈絡是洛克《人類悟性論》和牛頓《自然哲學的數學原理》。至於馬爾布蘭莎（Nicolas Malebranche, 1638-1715）或笛卡兒的哲學在此書中並不佔有顯著的地位。他一直反對亞里士多德的「物質」（matter）概念，可能都是從洛克而來，認爲承認「不能認識的物質」存在的話，這是「明顯的矛盾」。

另外在本書中所提倡的非物質主義原則——「存在卽是被知覺或知覺」，是不是從鄰居柯利爾（Arthur Collier, 1680-1732）學來的？不得而知，但是柯利爾的哲學就是一種非物質主義，他在1713年出版 *Clavis Universalis* 就是呈現這種哲學，如果就年代來說，《人類知識原理》比它早三年出版，可是柯利爾聲稱十年前就有此見解。但是在巴克萊的書信中只一次提過他。柯氏似乎沒有重要性，這非物質主義很可能不是從柯利爾手中取得的哲學理論[21]。

雖然《人類知識原理》是探討當時熱門的哲學課題，探究洛

克的觀念理論，批評牛頓的時空理論，爲宗教信仰尋求哲學的基
礎，但是這個名不見經傳的作家，作品又不在倫敦而在非學術重
鎮的都柏林出版，那裏會引起學術界和宗敎界的注意呢？事實上
學術界的反應非常平淡。於是他把這些立論使用不同的體裁重新
把它寫出來，又帶到倫敦去出版。這一本書就是《海、菲三談》❷，
可是反應仍然平淡。然而在交際上頗有斬獲，認識了一些學術界
的名流，如散文家和詩人愛第生（Joseph Addison, 1672-1719）、
波普（Alexander Pope, 1688-1744）、道德哲學家約翰・蓋
伊（John Gay, 1685-1732）及史第勒爵士（Sir Richard
Steele, 1672-1729）。史第勒卽是《保衛者》（*Guardian*）雜誌
主編。巴克萊也爲此雜誌寫了十二篇左右的雜文。

丙．《絕對服從》（*Passive Obedience*）

　　《絕對服從》和刊載在《保衛者》的十二篇雜文討論價值哲
學課題，包括道德敎育、社會、政治和宗敎信仰等等。他認爲公
立學校和大學的目的，就是爲國家和敎會培養人材。它是一種價
值敎育，敎導優美的事物，使心靈提昇，止於至善，讓人民不再
沉迷於低劣的肉體性享樂❷。這些理念都在中後期的作品中更加
詳細地論述。換句話說，巴克萊哲學在早期就已經孕育出來了，
以後的作品是將這些見解以系統化的語言說出來或者以行動去促
成吧!

　　在《絕對服從》一書中，巴克萊討論道德規則的性質和行爲
之間的關係。他認爲基於宗敎信仰和哲學理論，人要嚴守誓言，
尤其是那些公開的宣誓。要效忠皇室卻又要違背誓言，這種行爲
是錯的。因爲當時的輝格黨提出有限度、有條件的效忠皇室，巴

克萊其理論對他們提出嚴厲的批評，他不顧一切的後果，據「理」直言，結果他遭受相當大的逼迫，於1716年就不能留在都柏林居住。除此之外，在 1715 年他曾以匿名發表一篇〈向已發誓的保守黨員之進言〉。

　　除了作品之外，我們需敍述巴克萊的兩次歐陸旅遊的種種經歷。

丁. 兩次歐陸旅遊

　　從 1713 年到 1720 年間，巴克萊做兩次歐陸旅遊。第一次是在 1713 年10月，經過法國的巴黎和里昂，越過阿爾卑斯山到義大利的來亨 (Leghorn)。在這一次旅程中，去探訪當時法國著名的哲學家馬爾布蘭莎。由於他們在哲學的見解上有許多相近，雖然巴克萊公開地說他們的哲學很不相同，當代學者路斯卻是認爲：「洛克教導他〔巴克萊〕，但是馬爾布蘭莎啓發他㉔。」兩人對《聖經》經文有共同的喜愛：「我們的生活、行動、生存都是在神裏面。」（《使徒行傳》*17*:28）這也是他們共同的焦點。然而很可惜，他都沒有記載他們交談的內容。不久之後，馬爾布蘭莎就逝世了。

　　英國女皇安 (Queen Ann) 在1714年 8 月 1 日逝世。巴克萊也在這個時候結束了第一次歐陸之旅。以後的兩年中，大部份的時間他都住在英格蘭，偶爾才回愛爾蘭的都柏林。

　　第二次的歐陸之旅：在 1716 年秋天的時候，巴克萊做克洛輔爾主教 (Bishop of Clogher) 亞舍 (Ashe, 1658?-1718) 的兒子喬治的教師，陪伴著他做旅遊，行萬里路讀萬卷書。當時這是流行的職業，例如後來的亞當・史密司(Adam Smith, 1723-

1790)也陪伴過年輕的卜克留公爵(Duke of Buccleuch)。這種事對於年輕的作家來說是一件好差事，有錢可賺，也增加見聞。巴克萊和喬治再經由法國巴黎，越過阿爾卑斯山再到義大利的羅馬。

在這一趟的旅遊中，巴克萊做了遊記，譬如《義大利之旅》。又適遇當時法國皇家科學院舉行以「運動之因」為題的有賞論文比賽。巴克萊在旅途中以拉丁文撰寫一篇〈論運動〉(De Motu)參加比賽，但未獲獎，獲獎者乃是在洛桑的哲學教授、邏輯家克羅沙茲 (Crousaz)。在 1720 年，巴克萊回到英國之後，把它出版了。

〈論運動〉是採取非物質主義的理論，基本上是《人類知識原理》一書中空間和運動理論的申論，批評牛頓的絕對空間論，也駁斥萊布尼芝所用的「死力」(dead force) 的概念，指出用「萬有引力」或「力」當作運動原則是一種玄思。在此重申相對空間論，認為只以物質的機械因來解釋運動的話，是片面、次義的。真正的動力是在於具有自主性的精神，要以意志和精神來解釋才是第一義的因。換句話說，巴克萊認為四因中，要保留動力因和目的因兩項於人類知識之中，這樣對於知識詮釋才是正確合宜。

三、中期的社會生涯 (1721-1733)

旅遊結束後一年中，巴克萊就在倫敦居留。對於社會、政治的問題非常地切。從 1721 到 1733 年間，巴克萊的生活型態有所改變，要藉行動將理想和價值實現出來。

英國自從1688年戰爭結束後，國家債務高達六十六萬四千英鎊，到1714年卻增加到三百四十六萬英鎊。1714年，南海公司 (South Sea Company) 成立，這是一個龐大的商業股票投資公司，用交易的方式來解決大部份的債務。到1718年，英國國王也被選爲公司的重要成員。在這幾年中該公司是賺了許多錢。但在1720年4月，政府通過新條例，將所有的債務轉到這個公司，公司的股票隨卽暴漲。許多新公司紛紛成立，其中有很多是人頭公司，股票賣出是眞的，實質上沒有這個公司存在，如此非法公司充斥，經濟犯罪格外嚴重。因此紛紛拋售股票，促成南海公司的倒閉。到1721年初，公司的要員，有的是政府裏頭的部長，也被判刑。整個社會紛亂，道德低落，經濟蕭條，人民不堪其苦。

巴克萊認爲社會的混亂，經濟犯罪如此嚴重，不光是經濟問題，在倫理、宗教和工業各方面都有問題。社會的腐敗、公德心的淪喪、公衆崇高的精神消失，這將使整個大英帝國覆亡。如果要挽救整個社會、國家、民族的話，不可以只尋求表面上的經濟復甦或經濟起飛，要從精神建設著手。因此在1721年出版《防止大英覆亡論》。

在1721年，巴克萊完成道學學士學位 (B. D.)，也獲得了神學博士學位。在職業上，一方面在政府單位工作，也同時在大學教書兼行政工作。

當時，到美洲移民的人數越來越多，許多人希望子女受良好教育，也不顧海上航行的危險性，讓子女遠渡重洋，回到英國受高等教育。巴克萊從教學上了解這種困難，希望爲他們解決困難。按照當時的地理常識，百慕達島被看作接近美洲大陸。於是他盼

望將一生奉獻於教育，到百慕達島辦好一所大學，一方面能夠敎化當地居民，另一方面可以讓在美洲的子弟就近受敎育。因此，將這一個願望變成一個「百慕達計劃」，經國會和國王的批准，准予二萬英鎊的經費去辦這所大學，只要經費下來，美夢卽成眞，就可以在那海島做一生的敎育工作。

1728 年8月，巴克萊跟愛爾蘭下議院院長胡適特（John Foster）的女兒安（Anne）結爲連理。不久，就帶著新娘一起遠渡重洋，到美洲的羅得島(Rhode Island)紐波特(Newport)居住，等候英國政府卽將撥下來的這一筆經費。然而，在那一千多個的日子裏，他們所等到的是一個個冬天的到來，濃濃的雪花掩蓋著大地，等到春天的到來，春夢了無痕，「百慕達之夢」就在經費無著落情況下消失。於是在1731年9月21日，離開美洲，回英國開創理想的新生活。

在這一千多個日子裏，巴克萊有時候在當地聖功會敎堂證道，有些講稿是很完整的留下來。另外要提的是認識聖功會牧師詹申，任紐約金斯學院的首任校長。他們之間有哲學的書信往來。除此之外，巴克萊也將他的哲學、神學熔於一爐，用對話的體裁寫成一部《亞勒西逢》㉕。這是他的作品中最長的一部，是中期的代表作。在1731年的10月30日，巴克萊全家回到倫敦。於次年的2月，這一部書就在倫敦問世，同年也在都柏林出版，過不久，在倫敦出第二版。到 1734 年就有法文譯本問世，1737 年有德文譯本。可以說是巴克萊的作品中第一次立卽受到回應的作品。

《亞勒西逢》是一部基督敎護敎學的作品，在文體上是平易近人，不賣弄哲學名詞的文學傑作。在內容上批評和譏諷當時的理神論者，爲啓示和信仰辯護，所批評對象是當時的「自由思

想者」（free-thinkers），有倫理學家、神學家和哲學家，像
曼德威勒(Bernard Mandeville, 1670-1733)、柯柏(Anthony
Ashley Cooper, Earl of Shaftesbury, 1671-1713)、柯林斯
(Anthony Collins, 1676-1729)、丁斗 (Matthew Tindal,
-1733)、史賓諾莎 (Baruch Spinoza, 1632-1677)、霍
布士 (Thomas Hobbes, 1588-1679) 以及他的老師布郎主教
（Bishop Peter Browne）。就理論脈絡而言，有些神學家和哲
學家是肯定理性的積極用途，仍然堅決地支持著啓示宗教，譬如戚
靈沃玆(William Chillingworth, 1602-1644)、丁樂遜 (John
Tillotson, 1630-1694)㉖、坎特伯瑞大主教舍蒙(Sermon, 1695-
1704)、劍橋柏拉圖主義者等等。但是柯林斯在《論自由思想》
及其他著作拒絕接受所有先知預言、神蹟、天堂與地獄之說，將
宗教還原到道德的層面，認爲神是圓滿無缺，其所作所爲的目的
是人。他們要除去宗教中凡是不能被理性所證明的部份，因此在
道德層面接受神。巴克萊從他本人的哲學理論，引逑古人來反駁
這理神論，肯定啓示的價值，詮釋宗教信仰的合理性，甚至於爲
「三位一體」、「神的恩寵」等等概念做辯護。

　　出版後的第二年，就有兩篇匿名文章反駁它，其中一篇是
曼德威勒回答巴克萊的批評。又《倫敦雜誌》在 5 月 18 日刊載
一封爲柯柏的書信。主教布郎也出版一本《神聖與超自然的事》
(*Thing Divine and Supernatural*) 來回答巴克萊。這本書
激起學術界的討論，但是餘波盪漾，筆戰不休。

　　筆戰上的作品，到目前知道的有：

　　1. 〈視覺理論〉 ㉗ —— 1733年在倫敦發表。

　　2. 〈解析者〉 ㉘ —— 1734年在都柏林和倫敦發表。

3. 〈為數學中自由思想防衛〉——1735年在倫敦和都柏林發表。

4. 〈不對華頓先生做完全回答的理由〉——1735年在都柏林發表。

5. 〈神聖之類比〉——是以匿名方式來回答他的老師布郎主教，發表於1745年在都柏林的《文學雜誌》第二集第二部❷。

《亞勒西逢》中論述科學哲學、語言哲學及基督教信仰❸。巴克萊所反駁的「自由思想者」相信唯有科學知識，尤其是牛頓所開創的微積分，才是人類知識的典範，至於基督教信仰，乃是不合乎理性和科學。巴克萊就去批評微積分中的基本概念、推理方式等等，指出其嚴謹性乃大有問題，因為大家都以演繹法的論證型式才算是論證，但是微積分中獲得前提的方法是值得懷疑。又如「無限小」的概念運用於力學的計算上，到底要不要算它呢？一門嚴謹的科學總不能因為它的數目太小可以不計算，又有時候不可以不算，針對這種現象，巴克萊質問知識嚴謹性的意義何在？又「無限小」在你的心靈中有此「觀念」嗎？能不能有此「圖像」（image）存於心靈之中呢？既然不可能，那麼這種不清楚的觀念可以用於「嚴謹學問」之中，那麼接受的準則何在呢？巴克萊指出自由思想者對於「嚴謹學問」和基督教信仰有雙重標準，不能令人信服，更重要的是，基督教信仰具有實踐上實質的意義，提昇人的存在價值，讓人們獲得幸福❹。換句話說，巴克萊從實效論的立場去接受「啓示」、「三位一體」、「恩寵」等等觀念，維護傳統的基督教神學，可以說是「實踐理性」優位於「純粹理性」的立場，採取「有用性」作為眞理的標準。

四、晚期的牧範生涯(1734-1753)

　　1734 年 1 月，英國國教教會封立巴克萊為愛爾蘭可隆茵主教 (Bishop of Cloyne)，在 5 月19日正式在都柏林的聖保羅堂封立。他的生活和視野從學術的領域擴展到教區內弟兄姊妹們日常的生活層面，從理論到行為上的實際參與，把改變人的存有從理性的歷練，擴展到環境的改造，包括社會、政治、經濟、醫藥等項目上。促使人的存有在肉體和精神兩方面同時得到妥當照顧。也就是說，現實存有不是只有精神而已，需要有物質上的存有來配合，物質本身不是虛幻，從早期的哲學探究上就不認為物質是虛幻，反而肯定感官所接觸的對象都是真實的存在，是神所創造的，所造的這一切都是好的，都有它們獨特的存有價值，需要物盡其用，人盡其才。因此在這二十年的生涯裏除了從理論上去為他的哲學和信仰辯護之外，也為經濟、政治和社會的實際課題提出建設方案。這時期代表作要算是《質詢者》和《存在鏈》兩部了。

甲．《質詢者》(*The Querist*)

　　愛爾蘭是個貧困的島嶼，經濟極待開發，要開發就需要有龐大的資金。英國在1694年已經在英格蘭成立國家銀行，到1734年為止，愛爾蘭尚未有國家銀行成立。巴克萊認為要開發愛爾蘭的經濟，一定要成立國家銀行，讓本地的資源可以暢通，資金的問題就能解決。因此，以《質詢者》一書來要求大家共同提供開發的方案，共同參與經濟的建設，抽稅為銀行成立基金。在1735年

與 1737年 之間連續發表三篇論文，而組成這一本書。就歷史而言，英國政府也未立卽設立愛爾蘭國家銀行，直到 1783 年才成立。

　　除此之外，1738年 3 月21日巴克萊在《都柏林雜誌》(*Dubling Journal*) 發表一篇〈向執政者之建言〉㉜。巴克萊認爲社會是一個有機體，它的成長或發展是奠基在「和諧」基礎上，未受教育的成員們不懂得行爲的原則和價値，需要從小給予適當教育，讓他們有道德感，尊崇國家法律和典章。因此，國家要實施公民教育，這還要包括宗教教育。由於國家典章、法律只是一種外在的形式約束，行爲是依存於內在的原則，當內在性的約束力不復存在，則人們只求私人的利益，不顧公益，整體和諧隨之消失無踪。宗教教育則具有此能力——促進人的內在約束力，產生高超的行爲原則，故呼籲執政者要重新思考宗教教育的重要性。他認爲：

　　　「順從政權是根基於宗教上的敬畏神，它是由宗教來宣傳、保存並培養出來的。……宗教是結合並鞏固政治團體的各個部份和成員之中心。」㉝

換句話說，基督教是使國家穩定，社會和諧的基礎，執政者應該要推崇宗教信仰。更具體地說，需要在教育過程中附有基督教信仰的課程、陶冶心靈、改變氣質，促使公民們會主動性地創造和諧的社會，不是消極地限制他們的行爲而已。

乙．《存在鏈》(*Siris*)

愛爾蘭的經濟落後，醫藥也隨之嚴重缺乏，醫師的品質和數量更是低劣和匱乏。在 1739 年，流行病襲擊這個海島，大家束手無策，無法給予適切地援救。巴克萊主教在 1744 年出版了《存在鏈》❸❹，推薦一種「經濟實惠」的胭脂水來解救這些災民，因為它是便宜又容易獲得的物品，這是絕望中的一線生機。這本書格外暢銷，當年就有六版，兩次在都柏林，四次在倫敦出版。

巴克萊對於胭脂水的經驗始於居留美洲的時日(1728-1731)，飲用胭脂水來防治天花。又當他年齡越大身體越差時，喝胭脂水之後身體康復，他很感慨地說:「在神的眷顧下，我欠它（胭脂水）生命之情❸❺。」不光是他個人的經驗，親友們也有相同的經驗，都對它評價很高，何況它早已廣泛流行。巴克萊認為它的功效可以從哲學來詮釋的，當然這是他的哲學。況且在束手無策的困境中，何不飲用它呢？致友人伯萊爾 (Thomas Prior) 的書信中說:

> 「做為一位老哲人而言，會站在屋頂上向同胞們吶喊著，教導你們的下一代吧！相同地，可以說，如果我有崇高的地位，夠響的喉嚨，也會對世上所有久病纏身的人說，服用胭脂水吧！」❸❻

出自於「愛」和「關懷」，在醫學未發達的時代裏，未能見到任何比它更具有效用的藥物時，它就是最值得推薦服用的藥物。所以可說這部書是巴主教的經驗、哲學與愛的結晶。

飲用胭脂水，立卽流行，人人到藥房就問，有沒有販賣胭

脂水？似乎藥房中沒有其他藥可賣似的。連約克大主教黑爾靈
(Thomas Herring)在書信中亦開玩笑地說,連寫信的墨水都沾
上胭脂水了。從老到幼,從上到下,沒有不談可隆茵主教,譬如
學生時代的亞當‧史密斯也從牛津寫信給母親說,胭脂水在當地
非常流行,幾乎醫治百病,他長年的壞血病的頭疼,都完全康復
了。甚至於凱洛琳王妃、哲人巴特勒主敎（Bishop　Joseph
Butler, 1692-1752）、女作家費爾丁（Sarah Fielding, 1710-
1768)都服用過胭脂水。在 1745 年德國哥庭根就有胭脂水的廣
告推售❸。

　　巴克萊採用 "Siris" 一詞作爲書名的原因：它的希臘語義是
「鏈」,而古埃及人對於尼羅河的稱呼也叫作 "Siris"。若從該書
的副標題來看❸,編輯者認爲,巴克萊沒有將這本書當作清楚完
整的理論,乃是處於特異功能的情形下,未能清楚了解它的時
候,做一番省思,要求讀者諒解。然而這乃是成熟哲人的思辨,
在晚年重新對於存有做一番整合與詮釋,認定宇宙不是互不關連
的存在,從神到無生命的存在物構成一個存有的體系。就自然界
的存有而言,有一種「以太(ether) 性」的火充斥於其中,但是
這些動力性的存有乃是神促成其存在。更主要的是身心互動,即
是物質與精神兩者由神促使它們結合在一起。這種說法似乎很難
讓人信服,於是採取柏拉圖主義的方式來解釋存有,認爲一般的
世人只注意外表的型相;但是,更深一層研究者就會觀察事物內
部的存在結構,尋找它們在自然中運動情形,發現運動的定律,
因此就會設定假說,建構語言系統,將現象還原到規則,使用規
則解釋和預測事件。巴克萊所要說的是,這是自然科學家所做的
學問。他又進一步地指出：知識的界限不應該限定在觀察現象、

找尋規則的範圍內,需要更深入去做分析和探究,如果從感性界進入精神睿智界的話,就會見到異於物質現象的秩序性存有,這種存有不是變幻不定的觀念性存有,不是一種機械性的動力關係,乃是主體性自主地將一切納入其中,是一切和諧同一的存有根源。巴克萊認為這就是睿智界(intellectual world),是真正具有永恆存在性的存在界,而物質界是陰影(fleeting shadow)飄忽不定,不具有實體的獨自存在性❸。

　　在語言上似乎是柏拉圖主義的色彩,但是在宗教信仰上,也充分地表現《新約聖經》中所要傳述的精神存在的永恆性和價值優位性,更是進一步地將神及其精神存在界當作一切存在和秩序的根源。進而要認定唯有在神裏面的存有才具有存在穩定性和持續性,在這領域裏的存在不再以色、相、時、空等等性質來描述。但是這些存在才是真正的存在。巴克萊承認,對於凡人而言,沒有比睿智界更荒謬和「不可理喻」的了❹,這是感性所不能貫穿的境界。

　　然而巴克萊卻把真、善、美和心靈都放進這一個領域裏面,而認定哲學活動即是引導那些將視線貫注在觀念界的人,把他們的視線從感性存有轉向睿智界,鍛鍊品味,改變喜好,了解至善,止於至善❹。換句話說,哲學不限定於哲學體系的建構,它本是一種哲學活動,要使人們「止於至善」的活動;智性上的分析和歷練是活動的方式之一,也需要培養其他的能力,讓他們能夠掌握或開創真善美的境界。這是巴克萊終生的哲學目標,他終其一生都在做這種哲學活動。1753年1月14日,這位愛爾蘭的哲學家、主教、教育家的巴克萊完成了在世上的一切事務,在牛津與世長辭,1月20日就葬於基督學院的教堂墓園。

　　巴克萊，這一位一代偉人所遺留下來的，除了對於愛爾蘭人
的經濟、社會、宗敎和文化的影響外，對於全人類而言，德性
上的風範爲人所瞻仰，在哲學上精闢的理論更是影響後代的思想
史。讓我們一起來詮釋和評論他的立論。首先我們來看他的知識
觀，因爲這是他以及現代哲學家討論哲學課題時的第一步。

注　釋

❶ John Locke, *An Essay Concerning Human Understanding,*
ed. by P. H. Nidditch, (Oxford: Clarendon, 1979)。這是
洛克在哲學上最重要的一部鉅作，出版後對於歐洲學術界的影響非常
大，受到各方的討論和批評，洛克本人爲此書作了五次的修訂。巴克
萊就是深受該書的影響。本文將以此版爲標準本引用卷、章、節及頁
碼於行文和注釋之中。關於洛克哲學請參閱筆者所著《洛克悟性哲
學》(臺北：東大圖書公司，1988)。

❷ 到底「經驗論」(empiricism) 一詞是否適於這三位哲人？這是一直
爭論不休的問題。例如，洛克雖然在《人類悟性論》中指出「經驗」
(experience) 在認識過程中的重要性，但是不表示這就是「經驗
論」，筆者認爲應該稱爲「悟性論」。又巴克萊是否爲經驗論者？有的
人認爲他是愛爾蘭的笛卡兒派學者，是深受馬爾布蘭莎 (Nicolas
Malebranche, 1638-1715) 影響，但是巴克萊認爲他的哲學跟馬氏
哲學有很大出入。所以這些標籤都是暫用性，往往產生誤導。

❸ *Sir* Isaac Newton, *Opticks* (New York: Dover, 1952), p.1.
筆者的中譯文。

❹ 詳細列舉影響洛克的人，不是本書所要做的工作。但醫學老師薛登漢
(Sydenham) 或數學家海更斯 (Christian Huygenius, 1629-
1695) 以及波義耳都是他的師友，對他有極大的影響力。他的哲學是

接近波義耳而不是牛頓的自然哲學。

❺ 參閱 Richard H. Popkin, *The History of Scepticism: From Erasmus to Spinoza,* (Berkeley: University of California Press, 1979)。以及他的 "The Sceptical Crisis and the Rise of Modern Philosophy," *Review of Metaphysics 7*(1953): 132~151; 307~322, 499~510。又 "Skepticism," *The Encyclopedia of Philosophy,* ed. by Paul Edwards 8vols. (New York: Macmillan, 1967), 449~461.

❻ *The Philosophical Writings of Descartes,* tr. by John Cottingham, R. Stoothoff, & D. Nurdoch, 2 vols. (Cambridge University, Press, 1984), Ⅱ:376. *Oeuvres de Descartes,* ed. by Ch. Adam & P. Tannery (revised ed. paris: Vrin/C. N. R. S. 1964-76), Vll: 550.

❼ John Locke, *Essay,* Ⅰ,i,5,p.45, 卽是《人類悟性論》第一卷第一章第五節第45頁，這句話是引用基督敎《新約聖經》。筆者認爲洛克的哲學是奠基於基督敎信仰，並且以實效論的立場來排除懷疑論的挑戰。另外，以認識神和了解義務爲兩個知識探究的目標，巴克萊接受這一種立論，並奉爲圭臬。參閱巴克萊的《人類知識原理》第156節。

❽ *Siris: A Chain of Philosophical Reflexions and Inquiries* 此書是巴克萊晚期最主要的作品，書中推薦腦脂水（tar-water）爲萬應靈藥，以治療當時流行疾病。本書的哲學表達迥異於早期分析的方式，是故後代學者佛雷色（Alexander C. Fraser）認爲這是柏拉圖主義的巴克萊，因此主張有兩種巴克萊哲學。但是這種見解不爲當代學者路斯（A.A.Luce）等人所接受。

❾ 本書採用 *The Works of George Berkeley Bishop of Cloyne,* ed. by A.A. Luce and T.E. Jessop, 9 vols. (London: Thomas Nelson and Sons, 1948-1957) 爲標準本。這些作品都收集於此

全集中。筆者認爲巴克萊的作品到目前爲止，只知道一篇文章未收入於此全集中，編者說他也知道有此文章，只是未能確定作者到底是否爲巴克萊本人，所以未收入。此文爲 "A New Letter by Berkeley to Browne on Divine Analogy," *Mind* 78(1969):375～392。

❿ G. Berkeley, *Philosophical Commentaries,* transcribed and edited by A.A. Luce (Edinburgh: Thomas Nelson & Sons, 1944),〔Folio 103〕, p.3. 此句可見於「巴克萊全集」（見❾）的第九冊第153頁，路斯這一本《哲學評註》是不可或缺的作品，因爲這些筆記本身沒有連貫性，讀者無法從筆記本身去了解巴克萊是想些什麼東西，路斯對它們做逐條的注釋，讓讀者能够看到這位年輕思想家的心路歷程。很可惜的是，那九冊全集中第一冊不僅對注釋大幅度刪減，導論和介紹都被省略掉，要讀者參閱該書，它的發行量似乎很少，就筆者所閱讀的資料而言，該燙金本只印400本而已，市面上根本沒見到此書，可能只有一些大圖書館才有此書。

⓫ 巴克萊所謂的「非物質主義」（immaterialism）卽是承認現實存在界的這些事物，包括山川、樹木到所吃的食物等等，但是拒絕承認所謂的「不可知的物質」存在。在下面兩章中詳加探討。路斯認爲巴克萊並不馬上確立這個原則，在《哲學評註》第19條上只把它當作「非物質的假設」，要等了一陣子之後，到第265條以後才有此確信。參閱 G. Berkeley, *Philosophical Commentaries,* ed. A.A. Luce（London; Thomas Nelson and Sons, 1944), p. 322, p.372.

⓬ 雖然在出版上, *An Essay towards a New Theory of Vision*（《視覺新論》較 *A Treatise concerning the Principles of Human Knowledge*（《人類知識原理》）早，但是在寫作上，一般人認爲後者要比前者早。而且他的主要目的是討論哲學，在討論中遇到困難，才寫了《視覺新論》（參閱《人類知識原理》第43節）。另

外，就 *An Essay towards a New Theory of Vision* 的書名而言，巴克萊沒有認定這是他本人的新創見，所以用 "towards"（朝向），何況是朝向已經盛行的光學視覺理論，況且他的用詞是:「我想大家都會同意，距離本身不能夠直接被看到。」(第2節) 何況這裡見解是跟毛利諾 (Molyneux) 在 *New Dioptrics* (London, 1692), p.113 相同。參閱 Samuel Bailey, *Review of Berkeley's Theory of Vision* (London, 1842), pp. 38～43。Thomas K. Abbott, *Sight and Touch,* (London, 1864), pp. 9～12; David M. Armstrong, *Berkeley's Theory of Vision* (Melbourne, 1961), pp. xiii, 9～15, 以及 George Berkeley, *Works on Vision,* ed. with Commentary by C. M. Turbayne (Indianapolis, Bobbs-Merrill, Library of Liberal Arts,1963)。

⑬ 此「導論」雖然不長，但是它有獨自存在性，所以本文將以＜導論＞稱之。又此書有「初稿」，其中的內容跟已出版的有不同，而且其理論更豐富，是故將稱之為「初稿」以別於＜導論＞。

⑭ 參閱 1729 年11月25日巴克萊致詹申 (Samuel Johnson) 書信。此人不是英國的字典編輯者詹申，雖然兩位同名同姓的學者都從牛津大學獲得榮譽博士，但是前者是神學博士 (D. D.)，而後者是法學博士。前者是在耶魯大學受教育，也是金氏學院 (King's College即前哥倫比亞大學的前身) 的校長，被認為是美國哲學之父，巴克萊到美洲居住時認識的。他們之間的四封信，具有高度的哲學價值，有的人稱為＜哲學書信＞。參閱 *Berkeley's Philosophical Writings,* ed. by D. M. Armstrong (New York; Collier Books, 1965), pp.226～249 尤其 p.226 及 p.238。

⑮ 「效益主義」(utilitarianism) 一詞是 1781 年英國哲人邊沁(Jeremy Bentham, 1748-1832) 在書信中所塑造的。參閱 Mary Warnock 對於 *John Sutart Mill: Utilitarianism, On Liberty,*

Essay on Bentham (Collins, Fontana Library,1969) 所作＜導論＞，p.9n。巴克萊未有此詞，但是所具有的規範倫理學理論就是當代所謂的「規則效益主義」(rule-utilitarianism) 而不是神學效益主義。參閱 Ernest Albee, *A History of English Utilitarianism* (New York: Crowell-Collier, Collier Books,1962)。不過，筆者認爲巴氏倫理學是義務論，見第四章第五節。以往對於巴克萊哲學的研究，多集中於早期作品和知識論上。現在，在倫理學方面已漸漸受重視，從博士論文及出版書籍可見其端倪。

⓰ *Passive Obedience*，在「巴克萊全集」第六册。巴克萊認爲道德規則可以分爲兩類，一種爲「積極的」如「要幫助窮困的人」；另一種爲「消極的」，如「不可殺人」。前者可能有某些狀況存在，不能履行這項命諭，例如我本身已經是窮困潦倒，根本無力自足，那有能力去實踐該項道德要求呢？至於消極性、禁止性的命諭就要絕對服從。至於劊子手，他是執行任務去殺死刑犯，而不是一般性的殺人。所以不違背該項要求。在這種意義下，我才譯之爲《絕對服從》。他認爲行爲之所以「對」，乃是因它符合「規則」，也就是對於「道德規則」要絕對服從。

⓱ *Alciphron: or the Minute Philosopher* 收集於「巴克萊全集」第三册。這是爲基督教辯護的書，在此書中他攻擊「無神論者」。該書由七個對話組成，是巴克萊作品中最長的一部作品。

⓲ 就歷史觀點而言，萊布尼芝從方與圓的性質差別上認爲盲人可以辨認何者爲方，何者爲圓。參閱 G. W. Leibniz, *New Essays on Human Understanding,* tr. and ed. by Peter Remnant & Jonathan Bennett (Cambridge: Cambridge University Press, 1981), pp. 134～139。雖然萊布尼芝的《人類悟性新論》對於洛克的《人類悟性論》作章對章、節對節地詳細討論，當萊布尼芝聽到洛克逝世 (1704) 之後，就將此稿擱置不發表，在他去世後半世

紀，才由編輯者找出來發表。另外，就牛頓和笛卡兒兩派的光學理論
而言，在《視覺新論》第29節節錄牛頓的老師巴羅博士 (Dr. Isaac
Barrow, 1630—1677) 的演講來支持他的理論，而在第二版附錄笛
卡兒《光學》的一段，此段指出人有一種類似「內在幾何學」，可以
直接透過兩眼對某一物所形成的夾角去測知該物體跟人之間的距離。
巴克萊反對這種理論。換句話說，巴克萊對於當時的理論都會批判性
地選取，納入於其哲學體系之中。

⑲ *The Theory of Vision or Visual Language shewing the
Immediate Presence and Providence of a Deity Vindicated
and Explained,* 1733 出版。「巴克萊全集」第 1 冊，頁251～279。

⑳ 參閱《亞勒西逢》第五對話；筆者的〈論巴克禮哲學中善的概念〉，
載於《文史哲學報》(臺北：臺大文學院，民72年12月)：431～451。

㉑ 參閱 G.A. Johnston, *The Development of Berkeley's Philo-
sophy* (London: Macmillan, 1923, reissued, New York:
Russell & Russell,1965), pp.360～82.

㉒ *Three Dialogues between Hylas and Philonous* 收入「巴克萊
全集」的第二冊。本書跟《人類知識原理》具有互補的作用。在本書
序言裡，巴克萊指出讀它並不需有先前那部書的知識或觀念。他以平
易近人的方式來表達哲學思想。

㉓ 參閱巴克萊〈公立學校與大學〉即《保衛者》第六篇，在「巴克萊全
集」第七冊，頁 202～205。

㉔ A.A. Luce, *Berkeley and Malebrranche: A study in the
Origins of Berkeley's Thought* (Oxford: Clarendon, 1936,
rep.1967), p.7.

㉕ 見⑰。

㉖ 柯林斯認為 Tillotson 是英國自由思想的濫觴者 (見 Anthony
Collins, *Discourse of Free-thinking,*1713, p.171)。關於這些背

景，參閱「巴克萊全集」第三册，編者 T.E. Jessop的＜導論＞。

㉗　見⑲。

㉘　*The Analyst: or a Discourse addressed to an Infidel Mathe-matician* 副標題是：「探究當代分析之對象、原則與推理是否比宗教的神秘與信仰更清楚地被認知或更確定地推行而得」。見「巴克萊全集」第四册，頁 53～102。

㉙　本文未收集於「巴克萊全集」，見⑨。

㉚　在本書中所使用「基督教」是涵蓋英文中 Christianity 一詞，不以「基督宗教」來替代，就如同不以「佛宗教」替代「佛教」一詞。

㉛　*The Querist*（《質詢者》，見本書 199 頁），A Letter on the Project of a National Bank,（＜國家銀行計畫之書信＞，見本書 199 頁）and The Irish Patriot or Queries upon Queries（＜愛爾蘭愛國者或者質詢關於質詢＞，見本書 205 頁）都在「巴克萊全集」，第六册，頁 87～192。就《質詢者》而言，是巴克萊頭一次只爲愛爾蘭本地的事發表文章，所使用的文體是疑問句型式，例如頭兩個問題是：「(1)從過去到未來，是否勤奮的國家貧困或懶惰的國家富有呢？(2)衣、食、住樣樣都有的人民，是否稱爲貧窮呢？」答案是「否定的」。又巴克萊在此書的廣告文中指出，人的幸福總數應該從三項的和來看，這三項是「身、心和財物」。每個人應該爲增進人類的儀態、健康和繁榮而奉獻。做爲一個神職人員，見到饑餓的人就要給予吃，裸而無衣者要給予衣服穿，透過激發大家的勤奮而達到這個目的，這種做法應無不當(見頁103)。這是將基督的愛用行爲和物質作具體的表達，並不是只站在聖壇上用雙手指著天上說：「願你們平安！」這是《新約》的入世觀，尤其表現在耶穌的「好撒瑪利亞人」比喻上。這也顯示巴克萊不只不否定現世生活，反而著重改善現世生活，也藉以改善精神生命的品質。

㉜　*A Discourse addressed to Magistrates and Men in Authority*

「巴克萊全集」第六册，頁 201～222 。

㉝ 同上，頁 208; 210。

㉞ 見㉛。收集於「巴克萊全集」第五册，在此册中並有四封討論胭脂水的書信。

㉟ 《存在鏈》第119節，「巴克萊全集」第五册，頁 72 (V:72)。

㊱ 《四則書信及對胭脂水的省思》，「巴克萊全集」V:175。

㊲ 參閱T.E Jessop 的＜編者前言＞ (V:vix)。

㊳ 書名 *Siris: A Chain of Philosophical Reflexions and Inquries Concerning the Virtues of Tar-water and divers other Subjects connected together and arising One from Another.* 又引用聖經及羅馬詩人賀瑞斯的話於其面頁上。《聖經‧加拉太書》第六章第10節——「當我們有機會時，應當向衆人行善。」該書的目的是實踐性爲主，是爲了行善。然而理論上的反省，更是使此行善具有理性上的支持。這是巴克萊的一貫作風，認爲熱情是能激發行動，但是行動的方向要受理性來導航。在宗教上也是採取這一種態度的。

㊴ 參閱巴克萊的《存在鏈》第 295 節 (V:137)。巴克萊似乎將存有知識分成三類，而這三類的擁有者分別爲：凡人、科學家和第一哲學的哲學家，似乎可以跟老子所說的下士、中士和上士相比。

㊵ 《存在鏈》第 365 節 (V:164)。老子說：「上士聞道，勤而行之；中士聞道，若存若亡；下士聞道，大笑之，不笑不足以爲道。」(《老子》第 41 章) 當然，「道」之所以爲道，並不是因「下士」大笑之故，乃是「道」本身的性質。就老子語言哲學而言，他認爲語言具有配對詞義的特性，在第二章指出「善、不善；美、惡；有、無；難、易；長、短；高、下；音、聲；前、後」都是相生、相成。就像沒有太太的人就不是丈夫，而道本身不是配對語，乃不可道，不可名。在此狀況下，道是無意義之語詞。從洛克的觀念論和語言哲學的立場，無色、無相的睿智存有是無法用觀念語言來表達的，它們是超越觀念

的範圍，也就不能夠認識它。認爲這種存有是荒謬或不可理喩的。早期的巴克萊不接受這種立場，但是未能給予適切地規劃和標示。在中期，他以「概念」（notion）來標示觀念之外的存有，尤其是 1732 年《人類知識原理》第二版，將「概念」明示化，取消以往用「觀念」來標示觀念之外的存在。有的學者認爲巴克萊哲學就有早期和晚期的分別，早期是洛克觀念主義的陣營。有的人持有相反的意見，認爲巴克萊始終持有相同的哲學，晚期是柏拉圖主義的陣學，只是使用兩種不同的哲學語言而已。另外，筆者引老子來陳述對於「道」的「不可理喩性」，並不是要誤導讀者：認爲巴克萊跟老子在知識傳承或理論上相近。況且做比較哲學的人應該知道，某些見解相近，到處可見，但是不表示他們就有相同的哲學，要瞭解哲學，就要看它在體系內的運作上如何構成一個機體性的存在，不要光從片面的語詞或幾個點上相近，就互相做類比。

㊹ 　參閱巴克萊《存在鏈》第 330 節（V：150），《亞勒西逢》第一對話第 13 節（Ⅲ：54），他指出古代偉大的哲人致力於提昇和鍛鍊人類，使之遠離禽獸，不再屈服於口胃，維護人性之尊嚴，訓練其崇高性的官能，追求著最高尚的對象，使人對神、至善及不朽有所崇敬。他就是採取這種哲學概念來做哲學上的各種活動，哲學就不在是去建構一套完整的體系或玄奧的思辨，反而是回歸於人生活動的層面，要去解決生活生命上的各種困擾，但更重要的是帶領他們進入至善之境。正如《大學》所倡言的「大學之道」。

第二章　知　　識

一、前　　言

　　自從懷疑論復活，知識的課題即成爲近代哲學的首要課題，因爲要處理其他課題時，發現困難重重，無法解決，就先去解決知識的可能性的問題，從知識的討論中尋找解決的可能線索。譬如：笛卡兒從《方法導論》、《沉思錄》到《哲學原理》，都是以「知識」爲解困之門。洛克的《人類悟性論》、休謨的《人性論》和《人類悟性原則探索》，以至於康德的三大批判也是以《純粹理性批判》爲首要的探究以建立自己的哲學體系。在這個時期，這些知識論性質的作品既多，且又有獨到的見解，例如上述的這些作品，都成爲哲學的經典。愛爾蘭的哲學家巴克萊（George Berkeley）就是這時代中的一位「知識論」學者❶。

　　巴克萊對於知識的課題也採取了這種路線，以知識論爲建構哲學的基礎，且知識論的作品爲所有著作的先鋒，也勸讀者按照他出版的順序去了解他本人的思想。確實，在當今的哲學界就以巴克萊早期的作品爲經典，討論最多、印刷出版最多的作品也是這些知識論的作品，尤其是他的《人類知識原理》以及跟該書有相同內容的《海、菲三談》最爲一般人所喜愛和研究。大學的敎

材也往往從這些選出來。

　　當然，巴克萊的中、晚期的作品並不放棄對於知識課題的討論。做為巴克萊哲學研究者而言，需要同時看到所有的作品是不是跟早期的理論有所差別或有所補充，並且進一步地整合這些討論成為一個完整的體系。本章的重點就是要將巴克萊的知識理論從早期到晚期的作品中去整理出來，以補充以往研究者只採取早期作品為基準的缺失，因此在取材上不限定於早期的著作。本書以英國學者路斯和耶思柏合編的「巴克萊全集」為基本資料❷。

二、知識的定義

　　「巴克萊全集的」讀者會產生第一個質疑：「為什麼巴克萊從未對於知識下定義？」但是巴克萊卻使用了許多「知識」的語詞，並且用得很順手的樣子！譬如，書名就有「知識原理」，書中指出「知識的對象」有那些？又指出「兩類的知識」❸，似乎是預設大家都懂得什麼是知識。

　　然而，大家所了解的知識就跟巴克萊的了解相同嗎？這是不可能的，首先大家會很快地聯想到洛克對於知識所下的定義。這種聯想是自然且合理的，因為洛克的《人類悟性論》是他的哲學教材和「聖經」。洛克哲學對當時而言是「新哲學」，他對洛克的書下了一番的工夫，從「觀念」到「語言」都做了詳盡的討論和批評，這兩項正是《人類悟性論》的卷二和卷三的主題，為何對卷四沒有做詳盡的討論呢？況且在卷四的第一章第二節，洛克就提出定義來，是不是意味著「默許」這一個定義呢？筆者認為巴

克萊在某種程度下接受這一個定義，這個程度對「觀念」的存有知識是可接受，但是對於「概念性」（notional）的存有，那就不盡然了❹，於是對於悟性的對象重新做詮釋。

　　其實，另外的問題是，對巴克萊而言，對於「知識」有沒有下定義的必要呢？如果下定義又沒有得到效果，下了定義豈不是多此一舉嗎？何況知識不是下定義的對象，是要研究它是什麼的對象，假使先下了定義，這種定義已經限定了所要探究的方向和內容，也就是在未探究之前已經先做了詮釋，以後的詮釋豈不是多餘的嗎？這一點正是他對史賓諾莎方法的批評❺。巴克萊本人有他獨自對於做研究時的方法，稱之為「科學方法論」（scientific methodology）。

　　巴克萊所謂的「科學方法論」是包括三部份❻：

　　1. 要對於所研究的對象有清晰的了解；要知道人們以什麼管道去認識它們的存有？這就包括對象本身是否存在？存在的樣相和意義為何？

　　2. 要知道研究的目的為何？目的會改變研究的方向、方法和媒介等，也就改變研究的成果。

　　3. 要知道所使用的方法是否合適？因為方法是直接影響成果，方法本身就蘊含了詮釋。

　　巴克萊對於人類知識的探究即循此「科學方法」而做。筆者首先就討論知識對象的課題，至於知識定義的課題，在本章的結論再做一次的解答。

三、知識的對象

懷疑論者對於知識的對象提出許多的質疑，譬如：知識的對象是否存在？何以證明它存在？如果肯定它們是存在的話，進一步提問，何以知道其存在的性質？如何去肯定所知的內容即是存在本質呢？對於近代哲學家而言，他們認為人類是藉著觀念 (by way of idea) 去了解存有，也就以「觀念之道」去回應懷疑論對於存有的質疑。

巴克萊批判性地接受「觀念之道」，尤其是洛克的觀念理論。洛克在《人類悟性論》中指出，觀念是人類悟性的直接對象，它們代表著事物和精神等存在。巴克萊也認為這兩類是知識的對象，但是存在性質上有許多差異。但在第二版時，巴氏認為有第三類的知識對象，它就是關係。雖然觀念和精神是下一章討論的重點，為了陳述上的明確，我們不得不先作簡單的敍述。讓我們從洛克的觀念論講起。

1. 洛克認為人類心靈的對象是「觀念」，這種觀念不是與生俱來的，人類沒有先天觀念 (innate idea)，這些論點都在《人類悟性論》的首卷及次卷的前八章加以詳細討論。他採取微粒哲學以及因果關連的知覺理論，他說：

> 「心靈所見的或知覺、思想或悟性的直接對象即是我所謂的『觀念』，存在於對象中而能在我們心中產生任何觀念的能力，稱之為該物的『性質』(quality)。」[7]

因為洛克認為獲得觀念的管道有二，即是「感官感覺」(sensation) 和「反省」(reflexion)。在上面所指的觀念是特別指透過感官 (指五種感官) 所獲得的觀念，這些觀念可以分為簡單和複

合兩種觀念。心靈對於簡單觀念 (simple idea) 是被動的，它們之所以能在心靈中佔有一席之地，乃源自於物體本身所擁有的「能力」對於心靈作用的結果，所心以靈才能夠認識它們的存有。此乃以因果論的觀點去說明知識對象的存有及其存在樣態。

因果性的知覺理論是要解決極端懷疑論的質疑，因為心靈是完全被動，所產生的觀念不是由心靈本身自己所「虛構」，乃是由外在存有的影響，因此存有本身的存在與性質就是藉著這些觀念來認識的。但是一個對象讓我們產生許多不同的觀念，是不是這些觀念都代表它呢？因此所爭論的是那些觀念才是代表物質的本性。

波義耳和洛克採取初性和次性的方式去區別有關物性的觀念及其相對應的性質時，以初性跟物性相似，而次性則不盡然❽。那麼，人類豈不是不可能了解對象本身的性質嗎？確實，就洛克的觀點而言，人類無法從觀念本身去了解所有的物性，只能了解部份，就是初性的部份。

2. 洛克也以存有界的領域是大於人類所能獲得的觀念域，而人類只能透過觀念去了解存有，一再強調地說：「我們能獲得知識的範圍不大於擁有觀念的範圍❾。」對存有界而言，人類無法認識宇宙的全部。洛克不以此為缺失，反而認為這是神的美意，讚嘆「神是多麼偉大！」正如《舊約聖經》所記載，約伯無法了解神所作的這一切，只能讚嘆和承認無知❿。而且認為人類不必擁有一切的知識，那又有何關係呢？就像航海者可以不必知道所有的海洋生態、地理等各種知識，只要知道何處有暗礁、有危險，可以安全航行，豈不是足夠了嗎？洛克引用《聖經》：「神的神能已將一切關乎生命和虔誠的事賜給我們⓫。」（《彼得後書》*1*: 3）他的解釋是神已經將人類生活於現實世界所需要的知識都賜

予了，用這些就足夠讓人過著美滿幸福的生活，尤其最重要的是對神和義務的知識，在此也可以獲得，因此而獲得永生，那已足夠了，何必多求呢？何必知道世上一切存有呢⓬？

另外，洛克更要遠離這種懷疑論的困境：人只有部份的知識⓭。他就轉移到另一個層面，知識乃是關於觀念間的關係，而不是只對觀念本身的「直覺」⓮。這一個轉移，對巴克萊而言，是格外重要。但是，巴克萊依然不滿意：如果觀念跟存有本身不相同的話，觀念間的關係知識就是等於存有的關係知識嗎？如果依照符應論眞理理論 (a correspondence theory of truth) 的話，則依然無法超脫懷疑論的攻擊，那麼唯有改變存有論以適合知識論。

巴克萊的解決方法可以用下列幾點來描述：

(1) 在認知的官能方面有感覺和理性，符合於洛克的二分法：感覺與反省，因此知識分爲兩類：觀念和精神⓯。觀念是分別由五種不同的感覺所獲得的。他一直爭論著，各種感官有它各自的對象，不可能有一種觀念同時爲二種感官所能共同獲得的⓰。而精神存有跟觀念存有不同，前者是主動性，不具有觀念的各種特性——包括色、香、味等各初、次性之特徵，而且也成爲觀念之存有和被認知的基礎。

(2) 知識不是一種被動性動作的產物，而是心靈主動性地去把握所獲得的觀念，唯有了解觀念與觀念之間的各種關係，才算是知識，只獲得觀念，還不算是知識。

(3) 知識不是停留在感性的層面，它需要理性的作用，使觀念變成有意義性的存有時，這種獲得才有可能叫做「知識」。就像學習語言，只看到單字，並不表示懂得這一個字，還需要去了

解它的意義，這一個意義乃是從它的脈絡中顯示出來的，這就是一種「意義脈絡」。就像單字在命題中呈現它的意義，而命題也由它的單字來限定和構成意義。因此要有知識的話，就要懂得「該語文的文法」。

（4）自然界也有它的文法，這種文法不是單靠感官（sense）就可以看到，乃在經驗中從歸納而認知其中的規則，這就要透過理性作用去認識它的規則了。這些規則本身不是觀念性的存有、也不是精神存有，因為規則本身就像其他的心靈作用的結果，如「數目」、「同一性」、「愛、恨」等等具有「概念性」的存有那樣。概念也是知識的對象，所以在《人類知識原理》第二版的第 89 節補上：

> 「藉著內在感覺或反省、了解我們自身的存有，藉著理性了解別人的存有，也可以說對我們和別人以及主動性存在者有某些知識或『概念』（notion），嚴格地說對這些沒有『觀念』（ideas）。同樣地，我們知道且擁有事物或觀念間關係的概念，這些概念跟它們相關的觀念或事物有別，由於我們不必見到前者〔關係〕，也可見到後者。對我而言，似乎是『觀念』、『精神』和『關係』都是人類知識的對象和談論的題材。『觀念』這個語詞意義不應當擴大到指謂我們所知或有概念的各個事物。」❼

關係、觀念及精神三者是不同的存在狀態，也是人類所能認識及討論的對象，但是關係不是任意或武斷的，尤其我們所討論的是存在的關係。巴克萊認為這些關係乃是神所設立的關係。一切的

認識就是在於了解它們這三者了，只有獲得觀念的話，仍然是不充足的。

　　這種「解決」對於洛克觀念論而言並不完全公平，因為洛克把所有悟性的對象都稱為「觀念」，換句話說，巴克萊的三項知識對象跟洛克的觀念所代表的對象完全相同，就像是將原有一班六十個學生分成三班而已，總不能說三班學生人數一定比一班的人數多，也就是說，只有名稱上的差別，並不是擴大認知的存有域。但是巴克萊所要爭執的乃是對知識的對象認識時必須做明細的區分，尤其是存有的狀況有所差異時，做這些區分是有助於整個知識體系的建構和使用。

四、知識的目的

　　知識具有目的性，巴克萊始終持有這種見解，這個目的是在於人類，因為在他的存在哲學之中，精神是優位於觀念，精神本身才具有實體性和自主性，而知識也因精神才有存在的可能性。

　　在巴克萊的精神存有界裏只有三種精神存有：最高的存有是神，他也採取一千多年來三位一體的神學見解，至於如何詮釋這三位一體，在《亞勒西逢》以及其他作品中，都以它為宗教的神秘，人們對它沒有觀念，不過是具有意義的語詞，我們不在此詳述。至於第二類的存有，就是天使之類，他也未加詳談。而他所關心的，而且應該著重的就是人類。實存的人是由靈魂和肉體所組合而成的存有，知識的目的就是讓人類在今生過著有意義的生活，在來世得到永生。

　　既然知識的目的就是在於人類，所以知識的導向就是朝著了解人類存有爲主要的目標，一切的作爲就會以它爲最後目的，因此在知識建構上就具有「人中心主義」的色彩。這種做法就是在於知識選擇的方向，跟知識的可靠性並不互相違背，也就是「眞理」與「至善」要同時獲得。如果哲學是「愛好智慧」，正如巴克萊在《人類知識原理》的〈導論〉所指出：「哲學卽是研究智慧和眞理」；那麼，這種哲學智慧也就是人類生存的智慧，也是「生命之道」。

　　就爲知而知的立場而言，知識的重點在於眞理，至於眞理本身是否具有「工具性價值」(instrumental value) 或「內在價值」(intrinsic value)？那是另一個問題，總不能因爲它的價值，才會使它變爲眞吧！或者因爲它的價值是具有負面性，所以它就變成假了！巴克萊認爲存有本身具有獨特的價值和有用性，甚至於惡也有它的價值，他把「存在」卽是「善」當作存有論的基本教條，因爲他相信一切是來自神，祂的美意和全能，使一切的存有跟價值結合，更是使眞理跟善連結，似乎是存在、眞理、價值「三位一體」的。

　　既然知識是爲人類服務的，它本身具有工具性價值，人本身是內在價值，因此知識就環繞著人生。首先就要指出人的存在狀況以及對人而言的「至善」了，進而使人止於至善，這就是巴克萊對於知識所採取的價值觀，正如我們所謂的「大學之道」。

　　爲了要服務人生，知識的建構者就要追求知識的完備性才有可能達到目的，所以巴克萊需要指出致知識完備性之道，於是建構知識的方法就不得不成爲知識建構時所需求的了。

　　然而，知識的方法跟目的與認知者認知方式有互動關係，所

以不得不在此先討論人的存在狀態和目的。

五、人的存在與至善

巴克萊從宗教信仰的立場去肯定人的存在三階段、二重世界觀以及宗教性至善論。

就以人生三階段而言，巴克萊深信人是有今生和來世兩種截然不同的存在。現今的存有是靈魂和肉體兩者不同存有的結合，它的存在是要依賴著這兩種不同的存有界的供給，也要順從這兩方面的存有方式，所以要知道這兩種世界的存在樣相，擁有它們的存有知識，並且依它們而獲得身心調和及發展。然而，肉體的生命將在某一段時間喪失，這種肉體的死亡有如毛毛蟲變成蛹的狀態，亦如大地在嚴多來臨的時候，一切呈現乾枯死亡狀態。巴克萊用這種類比性的語言來描述人存有的第二階段。但是他相信這種肉體的死亡並不是存有的死亡，人將有復活，在最後審判的日子來臨時，所有的人類都要復活，神的賞罰將是每個人的關懷之所在，而最重要的賞賜莫過於賦予「永生」。他說：「永生是我們究極的目的⓲。」因此，爲了第三階段的永生，今生今世的所作所爲就要以它爲最終的目標。知識就是幫助人去達成這一個目標的。所以，他才在《人類知識原理》的結尾指出，如果不能讓讀者對神產生虔誠的感覺，未能揚棄無結果性的玄思，未對福音書中所揭櫫的眞理尊崇和實踐，改變人性以達至善的話，則他所做的這一切都是徒勞枉然⓳。

這種人生論是放在二重宇宙觀之中，以人類實存的世界是一

座「訓練營」❷，在行爲方面要懂得神所立的法則，這些法則就是道德法則，並且要嚴格地遵循，因爲所謂的「道德的善」(moral good)，就是在於行爲符合法則❹，這種善乃是神賞罰的依據。所以，道德知識是每一位尋求幸福者所關懷的。換句話說，現實的世界不是地獄，也不是樂園，人們所要追求的「樂園」乃在「理智界」，可能就是宗教上所謂的「天國」、「上帝之城」或「新耶路撒冷」。巴克萊以爲那個理智界才是眞正永恆的世界，眞正的幸福就是要我們去除從始祖亞當以來所承襲的「原罪」，成爲一位具有神的型相的人，可以跟神共同創造歷史的同工，跟衆天使共同成爲天國的國民❷。

因此，知識的目的除提供現實存有界的眞相之外，還要提供那個永恆界的存在狀況及價值。一般人以爲知識只有限定於現實存在的這一個世界，但是巴克萊的「眞正知識」可要包括下列幾項了：

1. 對於現實存有界，也就是觀念性存有的知識；

2. 理智界的知識；

3. 人及神的「精神」知識；

4. 能幫助人揚棄視現實界爲唯一存有或唯一價值的「近視」，洞識那永恆界的眞理和價值，這就是獲得「智慧」之知識。

這種知識如何可能呢？因爲它是一種完備的知識，可能只有神才擁有的，但是巴克萊希望透過人類的經驗和理性去認識它，配合公民敎育，改變人的德性，使人類獲得眞正的幸福。

六、知識的方法

亞里士多德指出，受教育者的標記就是在於尋求知識準確性時，是依照所探究的對象所能允許而定的，如果對象的性質可以讓我們有準確性，但是沒有去做的話，那就是愚蠢。例如數學，數學家只有尋求「可能的推理」，那就跟對於文學家要求完全正確且嚴密的論證時同樣愚蠢㉓。對準確性的不同要求，就是蘊含對知識探究的方法有不同的要求嗎？亞里士多德以演繹性的數學為例，建構這種數學知識也採取嚴格的演繹論證，文學就不可能採取這種演繹的方法了。但是巴克萊所質問的是「知識本身」(knowledge as such)，不是個別的知識；不是探問建構「物理知識」、「數學知識」或「倫理知識」的個別方法，乃是問構成「知識」的方法。

在哲學史上有兩種為人所熟悉且常用的知識建構法，一個是古希臘柏拉圖所採取的脈絡確定法 (contextual approach)，另一個是笛卡兒所採用的基要演繹法(foundational approach)㉔。巴克萊對這兩位的哲學都是很熟悉的，像巴克萊的後期作品《存在鏈》(*Siris*) 就是充滿了柏拉圖主義的色彩，因此有的學者，像佛雷色 (A. C. Fraser) 就認為有兩個巴克萊，一個是早期具有洛克色彩的巴克萊，另一個是晚期的柏拉圖主義的巴克萊。至於笛卡兒的方法更是為巴克萊所採用。我們先從柏拉圖的脈絡確定法來說吧！

甲．柏拉圖的脈絡論

　　在《柏拉圖對話錄》中，時常可以見到：爲了要得到某種知識，譬如，「虔誠」、「公義」、「存有」、「知識」等，柏拉圖都以提問「什麼是某某?」（What is x?）就以晚期的作品《西雅提特士》而言，就是以探究「知識」爲整個對話錄的主要內容。在做法上，以獲得「知識」的「本質定義」爲目標，就是認爲能夠對於「知識」下個正確無誤的本質定義的話，則我們就是對「知識」有知識了。

　　柏拉圖對於獲得「知識」的本質定義的方法是，首先針對「知識」這個對象提出「定義」，也就是一般所謂的假設，然後由參預者從他們的信念脈絡去檢證這一個定義的可接受性，如果發現這一個定義有缺點，參預者認爲這種批評是正當的話，然後提出第二個「定義」；同樣地，參預者再做批評，如果這一個定義依然不能被接受的話，那就再繼續做下去，一直到滿意爲止；以能夠跟參預者的信念調和就不會被參預者質疑，當沒受質疑時，就可以接受它爲眞。對《西雅提特士》而言，柏拉圖僅連續地提出三個定義，而且最後依然未能對所下的定義「滿意」，而留下大問號❷。

　　柏拉圖對於知識的三個定義所做的批評是來自於他們所擁有的知識二個標記：以爲知識的對象要具有眞實性、不是變動不穩定性，所以它必需是「眞實的」(real)；另一個是「無誤的」(infallible)，就是確實是如眞相那樣，不是對我是這樣，對你就不見得相同，或者這時的知覺是這樣，另一個時候又有不同了❷。這是出自於柏拉圖本身的形上學信念，認爲現實的世界是浮動不

定，不具有永恆性，所以對它的認知只具有「信念」（belief）的性質，不可能達到「知識」的程度，所以第三個定義：「知識是帶有說明的眞信念㉗」。柏拉圖是不可能接受。

　　所謂「信念」就是不符合前面兩個「標記」，那麼帶有說明的「眞信念」的意思可以說是如此：我要是對Ａ有知識的話，Ａ這一個信念可以用Ｂ信念來「說明」，也就是用Ｂ信念來支持Ａ的眞實性，而Ｂ之所以夠資格去「說明或支持」，就是Ａ和Ｂ兩信念有調合或和諧，否則不可能用來支持Ａ。至於Ｂ信念的眞實性，可以用Ｃ信念去「說明」，假設Ｃ是最後一個，如果Ａ到Ｂ到Ｃ之間的「說明性關係」都沒有問題，這個結果是Ａ信念建構在Ｃ信念的「眞實性」上。可是，原則上Ｃ是最後一個，而Ｃ只具有「信念」的資格，不是「知識」的資格，結果Ａ依然無法從信念的層次提升到「知識」的階段，原因是「信念間的和諧」不是知識的充分必要條件，除非Ｃ信念本身是必然地眞，也就是它是達到「知識」的確定性了。如果能夠找到它就可以解決了，不是嗎？笛卡兒就是要找尋這一個「亞基米德的槓桿點」，以它去建構出整套的知識體系。

乙．笛卡兒的基要論

　　笛卡兒在《沉思錄》和《哲學原理》卷一以及〈致法譯者書信〉中，都敍述了「哲學方法」，即是「基要論」的方法，乃是找尋不可質疑的知識第一原則，就像Ｃ信念那樣，在證明上用來「說明」Ｂ以至於Ａ，但是在知識體系的開展上，是從第一原則「演繹」出整體的知識體系來。如果沒有知識第一原則存在，則知識即不可能存在。相對於前面所提的脈絡論，脈絡論不需要

先要求某個不可質疑點的命題等等， 只要針對所討論的題材做
「適當的」假說，就可以開始進行整個知識探討的工作，而基要
論則不能如此，非得有不可質疑的第一原則存在，否則這項工作
是無法進行下去了。我們就以笛卡兒本人的作品來解釋。

就笛卡兒致《哲學原理》的法文譯者彼可（Abbē Claude
Picot）的書信而言，他認爲一般人所採取「 致知識之道 」不外
有下列四種：

　　1. 不經沉思而獲得的概念， 對他們自 己而言 似乎很清楚
的。這只能算是個人的「臆見」(opinion) 吧!

　　2. 透過感官感覺的經驗所得到的。這是不可靠的信念，他
在第一沉思中就加以駁斥的。

　　3. 跟別人交談而學習到的，也就是只有獲得別人的信念，
頂多是信仰間的和諧。

　　4. 從閱讀優良書籍而得的。這是能夠超越「交談」時所受
到的時空限制，但是作者的見解仍停留在「信念」層次的話，依
然無法從它而使知識具有「 確定性 」，但在增加信念內容的數量
上是有很大的幫助。可是也只有部份知識而已，因爲生也有涯。

笛卡兒再提出一般人所認定的第五條路是「神啓」(revela-
tion)，他認爲神啓是片斷的知識，缺乏整體性，因此這條路線依
然不能使人類知識達到完 美完善的境界。 唯有 開闢另外第五條
路， 哲學之道， 就是一種類似歐氏幾何學的方式，「基要論的方
式」。

笛卡兒說：

　　　「爲了要讓這種知識完美完善，就必需要從第一因導衍而

得，這種活動也叫做『哲學思索』。為了要獲得它，就必
需著手探究第一因或原則。這些原則需要具備兩個條件：
第一，它們必需是明白清晰的，當心靈專注它的時候，對
於它們的真實性不會有任何的質疑；第二，其他事物的知
識必需依存於這些原則，這些原則可以不必透過它們就被
認識。其次，從這些原則導衍出其他事物的知識時，必需
確定在演繹的過程中，每一個環結都非常明確。」㉘

在這一段裏，笛卡兒提出知識第一原則的兩個條件，就是清晰
明確性和可導衍性。另外指出第一原則和其他命題之間的關係是
「演繹性」，這種演繹不見得是邏輯性演繹，乃是形上學的演繹，
尤其在《沉思錄》中首先提出的第一原則就是「我思故我在」。

巴克萊對於這兩種知識方式都採取了。在表面上他是採用笛
卡兒的基要論，我們很容易就會發現巴克萊在早期的作品中，以
「人類知識原理」為書名，並且在〈導論〉的結尾中說：

「除非我們仔細地將知識的第一原則從文字的障礙和迷惑
中清理出來，否則從它們所做出的各種推論，無法達到任
何目的；如從結果來推論結果，也不能增加知識，我們會
越走越陷越深，掉入越多困難和錯誤之中。」㉙

知識需要從知識第一原則而不是結果去推衍而得的，從結果推論
另一種結果，他認為會陷入越多的困難和錯誤之中，那麼只有從
第一原則去做「演繹」，這豈不是在反映笛卡兒的基要論嗎？而
笛卡兒在《哲學原理》第一部所指出的語文的困惑㉚，也在此導

論中浮現出來，並認爲第一原則要免於語言的困惑。語言哲學課題就成爲巴氏哲學中重要的一環了。

至於，知識的第一原則的問題，巴克萊不願意也不認同笛卡兒的處理，反而是從洛克的立場，使用柏拉圖的脈絡法去處理，而且處理的結果也很相似，讓現實界的知識變成「信念」，將眞正的知識留給心靈對於永恆的理智界所獲得的知識❶，這也就是不認同洛克對於知識所下的定義的理由之一。

巴克萊在《人類知識原理》一書的名稱上，「原理」(principles) 是複數，但是到底指謂着那些原理呢？就像笛卡兒在《沉思錄》中所要列出的第一原理到底是那些呢？只有少數的原理可以馬上指出來，其他的都可能是爭論的。最明確的兩原則就是「自我的存在」與「神的存在」。對於巴克萊而言，就是「非物質主義原理」(immaterialistic principle) ── 存在卽是被知覺或知覺。在西方哲學史上它和笛卡兒的「我思故我在」一樣的著名，而且它們在他們各自的哲學體系中均居首位。

七、知識原理

知識的第一原理需要具有清晰明白性，巴克萊不否認這種要求的正確性，但是要指證某一個原理就是第一原理，那就不簡單了，因爲它又要具有可導衍性。

就柏拉圖和笛卡兒的見解，感性是不可靠的知識來源，感性知識不可能算做「知識」，透過感覺所驗證的命題不可能確定爲第一原則的表式，笛卡兒以理性思辨去塑造出不具有感覺內容的

命題：「我思故我在」，因爲「我思」和「我在」不爲感覺內容的
眞假所左右，純粹依附在理性或理智的直觀或推論。可是巴克萊
從現實存在界的立場去看它時，採取洛克的見解，一切的「觀念
性」知識❷，需要以感官爲媒介，才有可能獲得，因爲理性或者
想像都不是獲得觀念的管道，當然記憶也不是，只有感官才是認
識外在世界的唯一管道，肯定它所直接見到的是眞實的存在。巴
克萊從日常生活中去反省，看到一輛車子往我們的方向開來的時
候，我們不會先對感官感覺懷疑，不要求先去證明我有沒有存
在，也不要求先對自我證明神是否信實的，他說：

> 「一位哲學家假裝對於可感覺的事物缺乏直接的知覺和證
> 明，需要先對自己證明神的信實性，然後才肯定他們的存
> 在，是何等的滑稽呀！我也可以懷疑我自己的存在，就像
> 懷疑我確確實實見到、感覺到的事物之存在那樣。」❸

在認知的過程裏，感官感覺的確定性是優位的，沒有感覺的確定
性就沒有所謂的對錯，因爲不能分辨對錯的話，根本不知道有沒
有感覺，從來沒有感覺又何以知道自我呢？沒有自我的確定性，
則證明神的存在以及信實性都是多餘的。

　　感官感覺本身不可靠的話，就是意味着感覺內容的眞假不可
能分辨，如果不可分辨的話，「眞假」是多餘的概念，因爲沒有
第二者去替他做分辨的工作，而且分辨的結果對他是無助益的，
就像顏色對於盲人一樣，要他拿出一個白球來，顏色對他沒有作
用，就沒有任何意義存在了。

　　巴克萊認爲那些平凡的常人，甚至於斗大的字也不認得的

人，單憑著感覺去生活，從不懷疑這一個世界的存在性，也不會陷入懷疑論的絕境，反而那些學究們，忽視感覺，卻陷入其中而無法超脫[34]。其實，巴克萊所要說的是，離開了感覺這一個管道，就沒有其他的管道讓人類去認識它們了，這正是「人類」知識的特色，因爲神可以不用感覺去認知，是直接使用理智 (intellect) 去認識，但人是需要感性的管道。

然而人也以自身的認識能力去認識認知能力以及認識內容的眞實性，更進一步地去瞭解對象的存在意義。認知主體變成知識和存有的依據，存有之所以變成知識對象，就是在於認識主體能夠有意義地把握存有的意義，當然要設定認識者擁有足夠把握住存有意義的能力。

巴克萊也以自我存在去證成知識第一原理的眞實性，就是凡是跟精神的生命意義互相調和的，就認定它爲眞。譬如：他對於存在即是被知覺的解說是：

「我在寫字時，所用的書桌，我說它存在，即是我見到也感覺到它，並且當我走出書房，也說它存在；意思是，如果我在房間裏也可以見到它，或者其他的心靈確實看著它……至於所謂的『不可知物的絕對存在』；它不可能被認識，對我而言，這是全然不可能想像的。存在即是被知覺，不可能有任何存在是離開了心靈或者離開了那注視著它的思想者。」[35]

這種詮釋是認定認識能力完全由精神所擁有的，認識不是肉體的工作，凡是擁有精神的存在者，都可以確定存在。這種存有論的

信念本身是否可確信呢？巴克萊卻以它去當作確證第一原理的脈
絡，一方面相信自我的認識能力，這些認識能力有感覺和理性，
相信感覺所見到的只是觀念性的存有，甚至於觀念間的關係也不
可能爲感官的所識，可是關係以及精神都可爲心靈所認識，但是
精神才具有實體性，自我就是精神實體「附在」觀念性的存有上
（卽是肉體），也就是相信以精神爲主體的「二元論」。另一方面
相信，凡是具有思想、精神的存有都跟「我」相同，是一切觀念
的實在依據，因此，「實在」（existence）要有意義，就是在這
信念之內所獲得的。

　　巴克萊認爲「常人」持有精神與觀念兩類的信念，「常人」
包括那些不識得字的人。可是這些常人並不見得沒有文化、社
會、宗敎等等傳統存留在他們的思想之中而成爲他們的先在信念，
如果他們的信念背景有差別的話，難道他們的信念都會相同嗎？
巴克萊並不去問這一個問題，他似乎把生理狀況和物質環境當作
信念的形成背景，大家具有相同的生理構造，在相似的狀況下
就會產生相同的觀念。因此他可以肯定人人有相同的觀念。他就
可進一步地認定它們是神的「普遍性語言」（the universal
language of the Author of Nature)㊱。至於人類的身體
和精神的構造是否相同，這種信念是經驗事實嗎？還是存有論上
的基本信念呢？我想是存有論上的信念，而以日常所見到一些
案例去支持吧! 這就是說，他所謂的「常人」乃是選擇性的。以
爲跟這些被選擇了的信念脈絡和諧的話，這一個第一原理就是確
實無誤的了，就是最接近常人的哲學理論，擁有「羣衆的」基礦
了。

八、非物質主義原理

對於一個知識論者而言，「存在」本身自有的價值是否存在，那是不重要的課題，最重要的是「存在」的意義，「存在」對於認知者呈現出意義時，存在才有價值。這價值是包括存在價值和認知價值等等，「存在」(to exist) 就是透過認知者的生命所呈現出來的，在他的生命中具有「變數」(variable) 的價值。

非物質主義原理 ──「存在即是被知覺或知覺」── 包括兩個部份，就是兩種存有，巴克萊對於「存在即是知覺」說明得較少，他從心靈活動的結果來「說明」活動的必在性，而且以這些活動歸之於「心靈」實體，這一個實體對我而言是「自明的」；所謂「自明的」乃是指日常生活上都是直接地說：「我說……或我做……」。「我」的意義是自明的。在討論上，馬上把「我」跟「我們」做等同，同時也將「神」當作「有思想者」跟「我們」混淆在一起，也同時去討論「存在即是被知覺」的課題❸。其實他在這裏頂多只能說：「對我而言，『我』、『靈魂』、『精神』等是什麼意義，我是曉得的。」需要證明他者的心靈 (other mind) 也存在時，才可以推論出「存在即是知覺」來。

可是「他者的心靈」問題是在《人類知覺原理》的第 140 節才出現，並且以「類比推論」去了解他人的心靈。而類比推論所依據的案例只有一個，那就是「我自己」，況且這是「類比推論」，所以理論上「我」跟「我們」二詞交互替換時，真值會喪失的。另外，"esse"（存在）和 "percipere"（知覺）都是「普遍概念」

(universal concept)，在第3節只有說："Their esse is per-cipi"（它們的存在即是被知覺）。並沒有指出 "percipere" 這一個詞來，在他的作品中似乎也不以「存在即是知覺」為難題，是不是因為洛克都肯定或大家都沒有質疑了？所以不必問了。

巴克萊認為真正的困難就是去說明「存在即是被知覺」了。依照洛克和他本人的語言都用「觀念」（idea）一詞去了解存在即是被知覺。所被知覺的是「存在」本身能轉換為「觀念」，如果不可能被轉換的，則它們不存在。這似乎是「存在」是具有可以轉換為觀念的值，可以轉換就是存在。這是預設觀念是知識的對象，而且是大家都無異議的預設❸，那麼，這種轉換值是對於「我」而言，我說書桌存在，是因為我看到也感覺到它，即使我離開了它，只要我回來，我也能夠看到。所以展現「可轉換為觀念值」即是存在。

他也認為別人看到書桌，則它的存在也被肯定。這個可被轉換值是預設了心靈溝通系統的和諧性，可轉換值對我如此有意義，對別人也具有相同的意義，對神亦是如此。但是他者的心靈不能直接了解，是透過類比而知道的。至於神，神不具有感性知覺，完全是理智（intellect）直覺，但是理智直覺是不是跟被動性的感性知覺相等呢？巴克萊似乎不必問我們是否都看到相同的東西，因為心理上的影像無法拿出來相互比對，所以只有說它們是否對我們的生活生命有可轉換性的值，如果有，則「存在」對你和我都相同有意義；否則，「存在」是不具有存在意義。反之，把不具有存在意義的當作「存在」的話，這是「顯然的矛盾」（a manifest contradiction）❸。顯然的矛盾是無法被具有理性的人所接受的，所以「存在是被知覺或知覺」。

九、結　論

「存在是即被知覺或知覺」，巴克萊將它推論爲一切的存有都是依存於心靈，觀念本身沒有永恆穩定性，沒有穩定性就不可能成爲知識的最後依據，因爲說它是這樣，它馬上就變成另一樣了，這就造成知識的不可能。而且我也是不可以依歸納法去獲得知識。巴克萊在《人類知識原理》中指出，歸納之所以有意義，就是它所歸納的對象要先有穩定性，否則歸納法是無用武之地的 ❹。這種分析是正確的，但是他把觀念存在（自然界）的穩定性歸之於神，認爲這是神的美意，按照相同的「文法」或法則去管理這個存在界，所以，知識的最終依據從人本身的精神移到神，以神的善意當作觀念穩定性的原理。

以神當作存在和知識的最高原則，所要遵循的方向必然是宗教信仰，就是接受對自然界的知識爲知識時，先接受自然界有一致性 (uniformity of nature)，這種信念本身不可能被證驗，它是從宗教信仰去「說明」的。把知識上的先在信念變成一種宗教信仰。這種轉移是因知識建構者的先在目的而產生的。

又巴克萊以神爲永恆界的主宰，以它爲最眞實的存有，以神爲一切存有的依歸，所以僅僅以觀察現象而了解自然規則的知識爲知識，這是一般人所說的科學知識，巴克萊在表面上也同意，但是認定這是第二義的知識，眞正第一義的知識是看到心靈界如何去主宰這些現象，如何制定這些規則，這種知識才算是完備的知識，只知道機械性動力關係而不知道意志和目的關係的話，這種知識不能算作知識。所以「知識」不是停留在知覺觀念間的各

種關係上，乃在亞里士多德所謂的「第一哲學」上❹。

　　然而這種完備知識在表面上是不可能得到，因為無法了解神的心懷意念，就不可能懂得意志、目的和運行的規則了。可是巴克萊相信神和人都是精神存有，在精神中相通。所以從人類自我精神就能夠了解神，認為這是建構知識的契機。可是這本身是一種宗教信念，以它當作知識的證成脈絡的話，豈不是又將知識推入信念的層面了。這樣，終究是無法讓全人類都安心地說「我知道了」，因為他們不全部有此宗教信念，懷疑論者的困惑是否可能被除去呢？如果可能的話，大概休謨（David Hume）就不會認為巴克萊是一位偉大的懷疑論者了！

　　可是，從另一個角度來看，到底巴克萊是先「預設」神的存在及其美好地管理宇宙這兩項為知識的第一原理呢？還是要對世人「證明」知識的第一原理之一就是宗教信仰上的神呢？實際上，他是要去「證明」，讓人對神產生虔誠之心。那又回到原來的問題，人類有沒有知識？因為我們只有經驗預設自然界一致性，這是生活信念，在這信念裏我們確定了善意的神明存在以及「存在即是被知覺或知覺」。這樣，就在生活世界裏確定了生活信念，以這些信念去肯定知識的第一原理，這種「肯定」乃是理論地塑造它們，用第一原理當作這些信念的具體表達。這樣，豈不是回到柏拉圖的知識第三定義了？只能說，知識是帶有說明的真信念了！因這「真信念」乃是存在於此生此世的生活和生活世界裏，在認識者本身的認識力裏就有自我確認的信念。如果不把它當作「知識」的話，那麼何者為知識呢？如果把不可知的存在當作知識的對象或依據的話，則人類永遠陷入無法自拔、孤單無救的懷疑主義的陷阱之中。

　　總而言之，巴克萊的知識觀是以人現實生活、生命及生活世界爲知識的先在脈絡，用詮釋學的語詞來說，這些是「前識」(pre-understanding)。但是，巴克萊不以它們爲歷史性，而把它們當作固定化的存有，所以人類的知識有普遍的有效性。可是我們的難題是在這生活世界中到底有那些成員？他們的性質以及在世界中的角色如何呢？又巴克萊把知識的性質從知覺觀念間的關係挪到洞識精神界的「新秩序」時，到底這種轉移是否可能？是否可從教育來改變人的本質呢？我們兩三千年來的教育理論都是肯定這一點的，尤其是蘇格拉底以降採取主智主義者，認定學識會改變人的氣質，巴克萊也是如此，但是教育不是只有在自然知識這一層面而已，需要有道德教育，使之成爲一個好的社會成員。但是要達成這一個目的的話，需要有宗教教育去配合。沒有宗教信仰的話，宗教教育也就無法存在。巴克萊的宗教信仰是英國國教的基督教信仰。他認爲從自然界的知識探究就能夠讓我們產生對神的虔誠和敬仰⓬。

注　釋

❶　波金教授指出：近代哲學之興起跟懷疑論的復活有必然的關聯，參閱 Richard H. Popkin, "The Sceptical Crisis and The Rise of Modern Philosophy," *Review of Metaphysics* VII (1953):132-151, 307-322, 499-510; *The History of Scepticism: From Erasmus to Spinoza* (Berkeley: University of California Press, 1979) 以及拙著《洛克悟性哲學》(臺北：東大，1988)，頁5～6。

❷　George Berkeley, *The Works of George Berkeley Bishop of*

Cloyne, ed. by A. A. Luce and T. E. Jessop, 9 vols.
(Edinburgh: Thomas Nelson and Sons, 1948-57).

❸ 參閱 George Berkeley, *A Treatise concerning the Principles
of Human Knowledge,* 第 1 及 86 節。

❹ 關於巴克萊將「觀念」和「概念」兩類分開的問題乃近二十年來巴克
萊哲學討論的重點之一，　有許多相關論文不盡詳舉，　筆者也在 "On
Berkeley's Concept of Human Knowledge of Nature" "On
'Ideas' and 'Spirits' in Berkeley" (臺北: 國立臺灣大學《文史
哲學報》第 33 及 34 期, 1984. 1985 頁 259〜326, 及 頁 251〜293)
對此二觀念及知識定義的課題詳加討論。

❺ 參閱巴克萊《亞勒西逢》、第七對話第 27 節（「全集」III: 324）。

❻ 筆者在「論巴克萊對自然知識之概念」（見上面注❹中第一篇文章，
頁 315〜325) 對科學方法有詳加討論，本文在此僅列出相關之點以
討論對於知識的探究方法，故細節討論請參閱該文。

❼ John Locke, *An Essay concerning Human Understanding,*
ed. by P. H. Nidditch (Oxford: Clarendon, 1979), II, viii,
7;P. 134.（這是指卷二第 8 章第 7 節，以下都依此方式來注明出處。）

❽ 洛克在《人類悟性論》卷二中詳加討論。參閱拙著《洛克悟性哲學》
第四章有關初性與次性的討論。伽俐略和笛卡兒都有初次性的區別，
像笛卡兒認為擴延性才是物質的初性，色、冷熱都不是。見＜質問與
回答＞第六組，AT VII:440, CSM II:297.

❾ 洛克《人類悟性論》II,iii,1, p.539.

❿ 參閱《約伯記》*38:1〜42:6.*

⓫ 洛克《人類悟性論》I,i,5, p.45.

⓬ 對神和義務的知識是洛克在此段中所指的重點，也是巴克萊在《人類
知識原理》最後一節所提的主旨。在這一點上，我可以認定巴克萊是
承受洛克的立論，也可以說，兩個人都以宗教信仰和倫理義務為哲學

思辨的目的，這也承受中世紀一千多年來的基督教哲學傳統吧! 參見
《人類悟性論》II, xxiii,12, p.302。

⓭ 聖保羅 (St. Paul) 認爲在現世所知道的是「模糊不清」，將來在天
國就會擁有完全的知識，參閱《哥林多前書》*13*:12。洛克的做法並
不是要違背宗教。

⓮ 洛克《人類悟性論》IV,i,2, p.525。也參閱《洛克悟性哲學》第 7
章。

⓯ 巴克萊《人類知識原理》第 1.2. 節關於存有論，將於下章詳細討
論。

⓰ 從他早期的《哲學評註》(*Philosophical Commentaries*) 到《視
覺新論》都針對此課題詳加分析與討論，這一點是他的觀念記號理論
的重點之一。參閱筆者的 "On 'Ideas' and 'Spirit' in Berkeley"。

⓱ 關於「概念」及自然法則，參閱拙著 "On Berkeley Concept of
Human Knowledge of Nature" 一文。

⓲ George Berkeley, "On Eternal Life" 在 *Sermon* VII,「全
集」卷七，頁105，參閱拙著 "On 'Ideas' and 'Spirit' in Ber-
keley" 以及＜論巴克萊哲學中善的概念＞刊於臺北: 國立臺灣大學
《文史哲學報》第 32 期 (1983)，頁 431-451。

⓳ 巴克萊《人類知識原理》第 156 節，「全集」II:113，參閱⓬。

⓴ 參閱拙著 "God and the Problems of Evil in Berkeley" (臺
北: 臺大《哲學評論》第六期 (1983)，頁125-136)。George Ber-
keley, *Alciphron*, Dialogue 5, sec.5 (III:178-79).

㉑ 參閱巴克萊 *Passive Obedience*, sec. 7, (VI:20-21). 這種見解是
源自於洛克，見《人類悟性論》卷二第 28 章第 5 節，頁 351; 拙著
「論巴克萊哲學中善的概念」，頁 434-435。以及《洛克悟性哲學》
頁 94-95。將於下面第四章詳細討論巴克萊的道德哲學。

㉒ George Berkeley, *Alciphron*, Dialogue 5, sec. 5.

㉓　亞里士多德，《 尼可馬欽倫理學 》卷一， 10946 23-26. *Nicomac-hean Ethics,* in *The Complete Works of Aristotle,* ed. by J. Barnes, 2 vols. (Princeton: Princeton University Press, Bollingen 1984), II:1730.

㉔　這兩個名詞的適當性不予討論， 僅以下文的陳述去顯 示此二詞的意義。

㉕　參閱 F. M. Cornford, *Plato's Theory of Knowledge,* (Indi-anapolis: Bobbs-Merrill, the Library Arts, 1957)。巴克萊一直以日常信念爲依歸， 相信常識， 在知識論上就是具有脈絡論的意義。

㉖　同上，頁 28~33, 卽 Plato, *Theaetetus,* 151-152.

㉗　同上，頁 142，也就是 201D。

㉘　R. Descartes, "Preface" to *Principles of Philosophy* in *The Philosophical Writings of Descartes.* tr: by J. Cottingham, R. Stoothoff & D. Murdoch, 3 vols., (Cambridge: Cambridge University Press, 1991), I:179-180; AT. IXB 2. 以下以 CSM 代表此書。

㉙　巴克萊《人類知識原理・導論》，第25節，也參閱第 3 節。

㉚　R. Descartes, *Principles of Philosophy,* Part I, Princ. 74, CSM I:220~221.

㉛　參閱 George Berkeley, *Siris,* Secs. 294-295, (V:136-137)

㉜　對巴克萊而言，觀念性存有就是一般所謂的自然界，爲了順應巴克萊的用法，稱之爲「觀念性」。

㉝　George Berkeley, *Three Dialogues* 3 (II:230)，參閱笛卡兒《沉思錄》第六沉思。Turbayne 認爲巴氏所批評的「缺乏直接的知覺與證明」是針對洛克而言的，見 Locke, *Essay,* IV, ii, 3, p.532. (見 C. M. Turbayne, 在 *Principles, Dialogues, and*

Philosophical Correspondence, Indianapolis: Bobbs--Merrill, Library of Lileral Arts, p. 175, n8)

㉞　巴克萊:《人類知識原理・導論》，第 1 節。

㉟　《人類知識原理》，第 3 節。

㊱　《視覺新論》，第 147 節。

㊲　《人類知識原理》，第 3 節。

㊳　同書，第 1 節。

㊴　同書，第 7 節。

㊵　同書，第 107-108 節。

㊶　*Siris,* Sec. 330, (V: 150)

㊷　《人類知識原理》，第 156 節。

第三章 存 在

一、存在的課題

　　雖然知識論是近代哲學家討論最多，也最劇烈的焦點課題，但是形上學才是他們的主要戰場，從古希臘時代的七賢之一——西洋哲學的鼻祖泰勒士（Thales）以降，哲學工作卽在探究存在的根源（arché）。亞里士多德認為，認識這種存在的第一原理卽是「智慧」❶。換句話說，哲學的智慧在於洞識第一原理。很不幸的是，從康德（I. Kant）的觀點，哲學家們根本無法在這戰場上佔領方寸之地。

　　近代哲學家從笛卡兒以降，紛紛採取知識論的進路來解開存在論上的各種課題。巴克萊也是採取相同的進路，但是不同的策略，一方面重新塑造術語，規範語詞的意義範圍，另一方面提出新的論證。然而，這些動作不但沒有讓大部份的讀者更容易掌握他的哲學立論，反而更加困擾。

　　巴克萊的存在論課題是承繼笛卡兒和洛克，重新以哲學的方式來詮釋常人的信念❷。他的「常人」乃是接受基督敎文化的常人。對於所見到的自然界，並沒有懷疑它們的存在，這個自然界是三位一體的神所創造的，它包括日月星辰、山川大海、森林

和野獸，人類也是其中的成員。巴克萊認為常識是哲學探討的起點，也是建立知識時的信念之脈絡。在這脈絡裏、懷疑論是被排斥的，因為「『懷疑論者』（a skeptics）是對於各事物都存疑……或者否認各事物的實在性與真理❸」。 巴克萊用對話錄的方式來陳述這種反懷疑論的哲學：書中的海拉斯（Hylas）跟菲利諾斯（Philinous） 兩人都肯定所見的是真實的， 不認為現實世界是虛幻的。 代表物質主義的海拉斯認為不可見的「物質」（matter） 存在著。 但是代表非物質主義的菲利諾斯卻不以為然，認為這種不可見的物質不可能存在於自然界之中，而且「物質」概念本身是一個「顯然矛盾」(manifest contradiction)，就是跟它的本質定義不相容。並且巴克萊又要海拉斯說出， ——「物質實體的存在」這不僅是一個假說而已，何況是一個錯誤又無根基的假設（第三對話， II: 229）。而且更糟的事是陷入懷疑論的絕地。因此，巴克萊的存在論課題：重新詮釋所熟悉的自然界以及精神性存有，並且否認不可知的物質（matter）之概念。

巴克萊跟笛卡兒、牛頓、波義耳與洛克都有基督教信仰，相信神是永在自在的實體，至於祂所創造的宇宙的性質如何？神跟宇宙的存在關係又如何？幾乎每位哲人的見解都有異同之處。為了要凸顯巴克萊的存在論課題，我們就稍為介紹他們的見解。

首先，他們認定基督教的神是宇宙的創造者，祂的存在是不容質疑的，像笛卡兒與洛克都各自提出不同的神存在論證。巴克萊在這一方面是跟洛克相似，從宇宙存在及其完美性來論證，不採取笛卡兒的存有論論證（ontological argument）。但是巴克萊就認為罪惡的問題會讓人產生信仰上的困惑，因此，花了許多篇幅去討論這一個課題。如果從整體而言，巴克萊要比這些哲人

或科學家更以「神」爲著述的焦點。除了《亞勒西逢》是一部護敎學的作品之外，幾乎可以說，所有的巴克萊作品都是護敎性的。

笛卡兒在《哲學原理》第一部中所提述的，神是唯一第一義的實體，是自在永在的精神實體。但是被造物也可以說是「實體」，雖然它們是無時無刻不依靠神而存，仍然可採取第二義的實體概念去稱呼它們。第二義的實體就是指我們所熟悉的「物質」和「精神」兩類，因爲性質要依附著實體才能存在❹。因此，第二個的存在論課題就是被造物的種類。

在被造物的種類方面，笛卡兒區分物質實體與精神實體兩大類，它們有各自的存在樣相，不需要依存於對方。從認識論來說，要認識實體的話，從它本身就可以認識，不需要藉著另一個實體去認識，雖然在神創造時有時候就讓兩者結合在一起，例如人的身體和靈魂，在今生是結合在一起。但是具有上述的這些條件，就可認定它們具有「實質區別」(a real distinction)❺。這種區別是存在於實體與實體之間，因此認爲物質實體跟精神實體兩者都是實體，物質實體的本質是擴延 (extension)，這是我們所知道的僅有一項；精神實體的本質是「思維」(thinking)，兩種性質是完全不相同的。從人類知識的觀點而言，精神實體，尤其是自我的心靈本身，在知識論上是透明化，可以清楚地被理解❻。至於物質就不如此了，他認爲我們所能理解的，只有表面的擴延，其他的性質根本不知道，所知道的，只有那些對於我們今生靈肉結合時有利害關係的性質吧❼！

洛克在《人類悟性論》第二卷中指出，我們對於普遍實體的 (substance in general) 意義，沒有清楚的概念，只是把它當作「基體」(substratum) 的意義來看待，就是設定基體

的存在以支持所知的性質，並且將它們合稱爲「實體」❽。到底
洛克有沒有接受這一個實體概念呢？他說「印度哲學家」認爲世
界是由大象所支持著，大象是站在龜背上，講這話就像小孩子，
不知道自己在說些什麼！洛克用這種比喻來批評它，何況他又
說，我們認識存在是透過感覺或反省來獲得觀念，至於實體觀念
(the idea of substance) 呢？他說：

> 「我承認實體觀念對人類有普遍的用途，在一般交談中，
> 我們好像都擁有它……〔但是〕藉著感覺或反省，我們既
> 沒有也不可能有它。」❾

既然如此，我們似乎可以像巴克萊那樣地肯定地說，洛克！將普
遍實體概念丟棄吧！僅僅保留個別實體概念。

如果洛克肯定個別實體的存在，就知識論的層面而言，他指
出，當我們搜集簡單觀念時，就發現它們不是單獨存在，而是
經常地在一起，因此假設某個實體的特殊內部組織或者未知的本
質是產生這些觀念之因，來解釋它們在一起的現象。他就把這些
觀念組合在一起，稱之爲實體，不設定亞里士多德學派所說的
「實體型相」(substantial form) 來詮釋實體❿。然而，他
跟笛卡兒一樣，不僅認爲物質實體可以無限地分割，而且肯定它
的實體性，具有內部的組織產生未能知曉的實在本質。所以，可
以說笛卡兒的二元論似乎可以在洛克的《人類悟性論》中見到踪
跡。(可是他不見得就是二元論者，有人認爲他持有存在鏈的見
解。)

就笛卡兒與洛克所持有的二元實體理論來說，巴克萊承認精

神實體的存在，也同意洛克的存在原理 ── 「所有的存在者都是個別的」❶。認爲個別事物的存在是肯定的，連沒有受教育的常人也不會質疑的，則爭論的點就在：

1. 「物質實體」是怎樣的實體？是否可能「獨自存在」，不必「存於心靈之中」 (in the mind) ？物質具有實體的特性嗎？

2. 物體的性質是否如人所見？有沒有一種所謂的「物質」 (matter) 或「原物質」(materia prima)，不可能被人見到，但是又成爲我們所知的觀念之動力因？或成爲物性的基體或神的工具等等？

3. 可知的物性數量有多少呢？笛卡兒認爲人類只能認識一種物性，就是擴延性。擴延的模態包括物體的大小、形狀以及運動。也就是用擴延來解釋物體。因此擴延或者大小，形狀、運動等性質被當作物質的「初性」。至於聲音、顏色或溫度等等都不是物質的初性，乃是「次性」，是因「心」而存在的。這種物性論也成爲爭論的焦點：初性是否跟物質「相似」？有多少種物性跟它相似？又何必要區分初性、次性呢？

4. 如果知覺的對象是觀念的話，觀念的意義爲何？

5. 神在整個宇宙秩序中所扮演的角色又如何呢？

6. 人以及其他的精神實體在互動上是不是也有「行爲法則」呢？這些法則是否亦具有「自然律」 (law of nature) 的性質呢？如果有的話，則其法則基礎何在？如何認識並實踐這些法則？

7. 人類所應該追求的「至善」 (the highest good) 是什麼呢？要如何去獲得呢❷？

　　其實這些課題就涵蓋了近代哲學所探究的大部份領域。我們就從巴克萊的《視覺新論》來揭開存在的面紗。這不僅僅是他在寫作《人類知識原理》時，爲了要解決該作品中的理論困難而作的，也是作爲了解該哲學之門；因此他一再地出版該書，也附刊於《亞勒西逢》，並且勸告讀者，要按照他的作品出版的順序去研讀。我們不妨就從這一部作品談起。

　　巴克萊認爲視覺在五種感覺（視、觸、味、嗅、聽）之中最靈敏的。感覺是認識自然事物的唯一管道。而洛克認爲：認識是藉著觀念而達成，有些觀念是可以藉著二種或二種以上的感覺來獲得的，譬如空間、擴延、形狀、休止或運動等觀念，可經由視覺與觸覺來取得⓭。這些觀念正是簡單觀念（simple idea），也是初性觀念，具有物質本性的特色，也是跟可「獨存的」的本質相似，同時意謂著物質可以具有它獨特的本質及存在能力，離開心靈而獨存。另外，跟空間相關連的課題是「絕對空間」，到底「絕對空間」是否存在？而且牛頓是否將絕對空間、時間看作存有，將空間當作神的「感官」⓮？或者做爲神的屬性⓯？有的人甚至將空間看作具有永恆存在的「實體」，則「太初」不僅有神的存在，且空間將與神共存，這蘊含著二元論的意味。如此將影響基督敎信仰中的創造論，就是神並沒有創造空間，而是創造出來的存在物放進空間裏面；或者如萊布尼芝跟英國的物理學家克拉克（Samuel Clarke, 1675-1729）所爭論的，如果空間是一種實體而不是關係的話，神將做兩次的工作，先造空間，再將宇宙放進空間裏面⓰。巴克萊本人就是採取時間、空間關係理論，否認牛頓的絕對空間和絕對時間論，只承認具有被知覺性的相對時間和相對空間的存在。那麼，這些課題的線索豈不是都在「知

覺與對象」的關係和性質了嗎？因此，知覺理論是解開存在之鑰
了。因此，我們需要重新探討巴克萊的感覺理論，為的是了解他
的存在論。

二、感官與知識

對於外在世界（就是物質界）的認識，巴克萊認為唯有借助
感官的管道才有可能獲得，否則，永遠無法超脫懷疑論的困境。
他認為相信感官乃是「常人」的做為，這些人是沒有受教育、不
識字的大多數人，他們對於見到、摸到、感覺到的東西，都會相
信他們的存在⓱。相反地，對於都不能被知覺的東西，既不相信
它們的存在，也不會花錢去買，就像是不會花錢去買不被感覺的
麵包那樣，反而會認為，吃下一片可感覺的麵包勝過千千萬萬片
不被感覺的麵包⓲。就是以感官做為認知與生活的工具，感官所
認識的對象就是「存在」的。

笛卡兒對於感官有所批評。從日常生活的觀點而言，他也一
樣相信感官，在《沉思錄》的摘要中，他說：

「從我的觀點而言，〔《沉思錄》中〕這些論證的最大效
益，不是證明了所要樹立的 —— 實在世界確實存在著，
以及人有身體等等。因為沒有一個正常人會嚴肅地懷疑這
些。真正的要點是當我們考察這些論證時，會發現對於這
些〔物質存在的〕論證，並不會比論證關於我們與神的心
靈知識來得穩固與清晰。」⓳

雖然如此，但是他一再地強調感官有許多缺點，更重要的是感官「不能認識」物質，他在第二沉思中用蜜臘做爲例子，他說藉著感官所知覺到的臘性——色、形、味等等，其實它是一直在改變，而我們知道臘仍然不變。他認爲這種知覺並不是由視覺、觸覺或者想像（imagination）來完成的，完全由心靈本身詳察而知的，理智才是眞正的認知管道。

那就是說，笛卡兒認爲物質的存在並不是因感官感覺來「知道」的，這是由心靈來驗證這些感覺資訊而做成的判斷了。「知道」就是包括「綜合」、「反省」與「判斷」等等心靈的動作，只有感官感覺本身不算是「知道」，如果採取這一種解釋的話，巴克萊並不反對，相反地，認爲「知識」並不停留在感官知覺的層面，這在上一章已經討論了。但是對於感官資訊上的見解就不相同了。

感官所見到的並不是物質本性；就笛卡兒對於蜜臘的詮釋而言，他認爲人類從觀念來認識物質存在。至於觀念可以分爲三大類[20]：

1. 先天觀念（innate idea）

2. 外來觀念（adventitious idea）

3. 自創觀念（fictitious idea）

先天觀念是生而有之，乃跟我們的本性同爲神所賦予的，例如「神」的觀念，他認爲人在母胎中就有此觀念了。至於自創觀念是我們所捏造或組合而成的，例如「海上女妖」或「半人半馬的怪獸」等。至於第二項，外來觀念，這是討論的重點，它是由外在的事物所引發的，不是我所捏造的，我的意志不能控制它，只要這些事物呈現在我的面前，我的感官只有接受，我是處於被動

的地位，而且理性的作用是在感官的作用之後❷。但是不能因此而說這些觀念就是跟外物「相似」；理由是這些觀念可能出自於我們內部某種未知的器官，我們仍然不知道，這就在第一沉思中提出「錯覺論證」、「夢幻論證」與「惡魔論證」，他也在第六沉思提出來❷。又如果這些觀念確實由外物提供給感官的，這一種觀念並不見得跟事實相符合。例如「太陽」的觀念，從視覺所看到的太陽比地球小，但是從天文學的推算結果，適得其反，太陽比地球大好幾倍。所以，他認為直接見到的太陽概念不跟太陽本身相似❷，所以感覺的觀念並不可靠。

　　洛克揚棄了笛卡兒部份的見解，例如先天觀念的理論，在《人類悟性論》的首卷，就盡其所能地批評，採取亞里士多德所提出「心如白板」（tabula rasa）理論。洛克認為一切的觀念都是悟性（understanding）的直接對象，人出生就心如白紙，卽使「出生」不是從離開母體那一瞬間算起，在母腹之中也可能承受胎教，但是在胎中「學習」到的觀念，依然不能算是笛卡兒式的「先天觀念」，還是「經驗的」後天觀念（a posteriori idea）。他也認為「神」的觀念依然是後天觀念，不是先天觀念。

　　洛克卻接受感官太少、能力也不足的見解，以及對於「初、次性」觀念的區分。認為無法從觀念來了解物質的「實在本質」（real　essence），因為物體的內部組織超越肉眼所能見到的範圍，如果有千萬倍的顯微鏡之眼（microscopical　eyes）❷，可能比較能夠發現物體內部微粒的運動與組織，就可能獲得內部的觀念❷。但是洛克也認為有此微視能力不見得是好處，反而是害處，因為那個人的觀念將跟別人的觀念不同，將形成兩個不同的世界，無法溝通。卽使大家都有微視能力，則所見到的是微粒

世界，就像只見到分針，不知道鐘錶是什麼，無法了解物體整體的意義。他用這種理由來辯護肉眼的能力是不足，沒錯！但是，這是神的巧妙設計，它就是剛好用來維持今生身體的健康，獲得幸福㉖。

巴克萊同意洛克：神有巧妙的設計，是用來維持今生身體的健康。但他不認為人類的感官是不足的，所見到的觀念不是物質本身的性質。因為洛克認為初性是可經由兩種感官所見到，它們的存在特性不會因人的差異而有所改變，即使沒有人存在的話，它也是如此。巴克萊反對這種立論，因它將因果關聯的代表實在論 (representative realism) 混合直接實在論 (directive realism)，把感官的能力低估，認為只能知道部份的實在性，而且這些知識都是依賴著因果論的形上學假設，認定物質有某種內在穩定性來保持它固有的身份和特性，也肯定它有能力使人產生觀念。巴克萊不能接受這些形上學的信念，他認為這些都跟他所相信的基督教教義牴觸，物質沒有主動性能力，唯有神才有，因為「我們生活、動作、存留，都在乎神㉗」。他認為唯有精神才具有主動性能力，這個自然界之所以有秩序化，就像是一本書，它的語言能夠被我們理解，藉此來溝通，了解這一套「自然語言」。創造主也讓觀念變成一種「普通語言」(an universal language of the Author of Nature) ㉘，我們從這些感官去獲得它們，提供給心靈來了解並使用這些語言，這些語言就是知識之所在。沒有感官就沒有「語言」，感官運作的特性也影響這種「語言」的性質。

三、感官與對象

　　巴克萊認為感官是接受外界資訊的唯一管道，其他的官能包括想像與理性都沒有這種功能。但是所接受到的資訊並不是同質性的觀念，五種感官所獲得的是五組不同性質的觀念，它們之間沒有必然的關聯，也不可能從兩個不同的管道來獲得相同的觀念。

　　當洛克《人類悟性論》第一版出版後，它就造成學術界的轟動與重視。當代的學者毛利諾 (Wm. Molyneux)，〔著有《光學論》(*Treatise of Oioptrics*)〕寫信給洛克，問他：如果一位從小就盲的人，平時就可以憑觸覺來分辨圓、方型，當他長大了，如果眼睛被醫好了，第一次使用視覺時，可否憑藉視覺分辨物體形狀？知道何者為方？何者為圓呢？如果視覺的觀念跟觸覺的形狀觀念相同的話，理論上是可能分辨得出。洛克認為那人光憑第一次的視覺觀念的話，可能無法完全正確無誤地判斷何者為方，何者為圓。但是就以往觸覺經驗，方形有角，在手上有凸出不平的感覺，而圓形球就沒有如此的特性，所以從此可以推論而知❷。

甲．各個感官有它個別的對象與意義關係體

　　首先我們要做一個概念上的澄清，我們平時說：「我看到了」，在語言使用上包含：(1)「直接見到」(perceive)，(2)「間接見到」。第一類的「直接見到」是感官見到它個別的對象，例如顏

色是視覺的個別對象，不是其他四種感官所能夠「見到的」。就存在論而言，巴克萊要調和常識與「哲學」，認為直接見到的對象是觀念的話，它也是「實在的物性」，這種感性的直覺(sensory intution)需要被肯定的。也就是說，此時此地某物對我呈現某種色彩，「我見到了」，這沒有錯誤存在。但是我要「判斷」這是什麼顏色的話，就會有錯誤產生，因為「判斷」需要使用記憶，喚起記憶中色彩的資料，辨認出目前這種顏色是跟記憶裏的色彩有何關係，使用何種名稱來稱呼它；又我們共同的語言名稱又是什麼？又如何使用語言命題？就不是單純的知覺了。如果「見到」是等於「知道」的話，則「直接見到」就包括「推論」了。但是，我們將後者歸到第二類，只有保留「未做判斷」時，各個感官直接見到的個別觀念為第一類的「直接見到」。巴克萊在這一類的「直接見到」，說明沒有一種觀念可以由兩種感官直接見到。

第二類是「間接見到」又可以分為兩類。甲類是藉著「想像」；乙類是藉著「理性」而知道的。

甲類的間接見到：當某一感官直接見到某種觀念時，這個觀念提供(suggest)線索，讓人知道另一種觀念或東西的存在，因為在以往的經驗中，這兩者經常在一起，因此當見到其中一者時，就習慣性地聯想他們共存。見到一者就等於見到另一者，其實這種聯結性對於認知者而言，是心理學的聯想。但是這種主觀性的結合有它的客觀基礎，就是該物時常如此地相隨相伴，但是巴克萊說這種自然界的一致性是基於神的美意，依照相同的方式來管理這個世界❸。他時常舉例說。當我們聽到某種聲音，就知道馬車來了。馬車聲是直接聽到的，由於這種聲音時常跟馬車一

起出現，因此，　雖然沒有見到、摸到馬車，只要聽到，就說：
「我知道馬車來了」，這是間接知道。

乙類的間接見到：藉著理性去推論，而不需要當時直接見到
某種觀念，　即使見到，　也沒有先前經驗到它跟另一者相伴相隨
性，例如《海、非三談》中，菲利諾斯提問，看到天空紅一片藍
一片時，我們的理性會不會因此而推論；必然有某種原因引發顏
色上的變化呢？可不可以說這種因是可感覺的事物呢？由何感官
「見到」呢❸？因果關聯是透過理性來推論，這是另一類的間接
知道。

甲、乙兩類有此差別。但是巴克萊時常把它交互使用，而且
從「間接見到」轉化為「直接見到」，　有時候又要把它們分開，
《視覺新論》就是將視覺跟觸覺所見到的對象分開，　分析視覺
「見到」觸覺的對象，這是由甲類轉化而成的，並不是第一類的
直接見到。

從該書就可見到：巴克萊引用毛利諾的見解，並且將它看作
人人都有共識的見解，他說：「我想，大家都同意，距離本身不
可能直接地被看到。因為物體跟眼球之間的直線，不管是多長或
多短，投射在眼球網膜時，都是不變的一點❷。」巴克萊的意思
是，投射在網膜上的知覺點只有一點，而一點不能構成距離，距
離要由兩點以上的線來表現出來，　線乃是點的組合，點不可以無
限地細分，點也不是沒有大小，他認為五種感覺都有它的最小知
覺點，比這感覺點更小的話，就不可能被見到❸。在網膜所呈現
的只有一點時，距離的觀念也就不存於視覺中，所以不是視覺的
對象，沒有直接見到。

巴克萊似乎把眼球網膜看成一個類似電視機的銀幕，投射在

幕上的點是有一定的，不會因爲對象越大點越多，越小越少。或者從顯微鏡來看東西時，網膜上的點也不因此而增多，或變得更清楚❸。他似乎認爲由這些視覺最小點點出外界的平面景像，但沒有將三度空間拼點出來。距離的觀念沒有「直接呈現」在「銀幕」上。這是他的主要論點。

他認爲空間觀念是觸覺的直接對象。他說，假設一個盲人要用來摸站在他前面的人，就是使用手來摸身體的許多部位，從頭、手到腳都摸了，在他的悟性中將這些組合起來。從伸出手得到距離的概念，再藉此而組合成立體概念。就是說，從手、腳到整個身體的移動，獲得許多不同的觸覺觀念，而組合成一組觸覺觀念家族❺。這家族的關係是由該家族自己固定化其關係❻。別家族的排列關係之語詞對於另一家族而言，沒有直接描述作用，只具隱喩意義 (a metaphorical sense)❼，因爲在它們那個家族之中，沒有那種關係存在。也因爲沒有對等關係，所以不僅不能同質化，也不可能互相取代。因此形成五個異質的觀念家族。

然而，這五個異質觀念家族不會因此而分散，在日常生活之中一併進入心靈。心靈在經驗之中學習如何將它們全部建立意義關係體。譬如視覺跟觸覺搭上連線，只能有第二類中甲類的關係，他說：

> 「當頭及眼向上下左右轉動時，看到可見的物象是變化的，而且又知道它們亦是那樣稱呼，亦跟觸覺底對象聯合的。因此，他在這裏，就用那些應用於可觸事物的名詞來稱呼那些物象和其位置。因此，他就叫他眼轉上時所見的爲上，眼轉下時所見的爲下。」❽

這是從心理學來描述學習的過程，從生活中依據觀念共聚的情形而做出習慣上的聯結，而且用相同的語詞來稱呼這兩個異質的家族成員，才造成日後的錯誤，誤認視覺跟觸覺共同獲得相同的觀念，事實上是兩個不相同的家族成員，沒有第一類的關係。

巴克萊不僅認為視、觸兩家族的結合是可以在生活中促成，其他三個家族也可以跟它們結合在一起，透過約定俗成的語言來稱呼或分類這些成員。也認為肉眼跟使用精良顯微鏡所獲得的觀念，同樣可以融合而成為一個視覺家族，並非如洛克所言，變成無法溝通的兩個世界，而且也可因此跟其它感覺觀念家族結合成意義關係體。卽是在顯微鏡下看到的某些景像，是可以與我們的生活相互關聯，而可用來保護生命的安全、增進幸福❸。

意義關係體的成立，是促使「直接見到」擴張到第二類的「間接見到」之範圍。就是某一個感覺的觀念家族的成員，會提供線索給心靈，讓心靈作成甲類或乙類的聯想或推論。巴克萊指出日常生活上可見的事實，從視覺來了解景物的遠近，可以從景物的清晰度或者從物體跟兩眼間所形成的兩條光軸的夾角之大小來判斷該物體的遠近。從物體在視覺上的清晰度來判斷，這是一種經驗基礎的估計。但是光學和數學上的夾角，這是具有普遍必然性，笛卡兒、萊布尼芝等人都採取這種見解。可是巴克萊認為，如果該物體在雙眼上所投射的光軸都是一點的話，就沒有夾角的存在。又兩眼是兩個分開的銀幕，也沒有交點，沒有交角的視覺觀念存在。於心中，所謂的鈍角或銳角根本就是虛構的概念，想像的產物，是間接見到的。但是巴克萊的討論重點是，這個視覺的光軸交角是否直接見到，如果直接見到，就不需要藉著其他觀念才知道，可是交角不能直接見到。

巴克萊認爲「直接見到」的範圍相當大，從這五種異質觀念間的意義結合，到內在思惟、激情的了解，甚至於用到從字裏行間的文字「見到」，其文詞所要表達的精神存在或概念，都可用「直接見到」來說。巴克萊指出：

> 「很顯然的，當心靈在知覺任何一個觀念時，如果不能直接見到它，就得藉助別的觀念。譬如，別人心中的情感，對我是不可見的。我仍然可以藉著視覺見到它，雖然不是直接的，但是可以藉著臉的顏色來知之。我們時常見到人的臉變紅或白，而看出他是害羞或害怕。」❹

又說：「在閱讀時，我直接見到的是書上的文字，但是間接的，或者是藉著這些〔文字〕，提供我的心靈有神、德性、眞理等等概念 (notion) ❹。」別人心靈中的激情、思想跟神、德性與眞理概念，這些都不是「觀念性」而是「概念性」存在，是巴克萊在 1732 年以後所使用的「概念」(notion) 所涵蓋的範圍。這就又產生另外一種問題，到底概念性的存有是什麼特性？用什麼方式才能夠「直接見到」？用什麼感官見到它們呢？

就上面兩段引文看來，別人臉上變色和書上的文字，都是視覺的直接對象，都可以從巴克萊所採取「常人見解」來說，這些都是可感覺的事物 (sensible thing)，然而他需要跟洛克劃清界限的地方，包括這五種感官所直接見到的才算是觀念，那麼這些概念性的「存在」，是不可能被五種感官所直接見到，只有間接見到，就是洛克所說的悟性本身的功能❹。巴克萊認爲是心靈來掌握意義關係，經「理智」(intellect) 作用而「見到」它們。

悟性與理智兩者只是語詞上的差異而已。就理智作用而言，巴克萊認爲神只具有理智，不需要用感官去認識，因爲感官是被動性，理智是主動性，被動性的感覺是受到對象、時空因素所限制，理智就沒有。可是我們通常會問，理智所見到的跟感官所見到的相同嗎？巴克萊可能的回答就是相同，因爲觀念本身就是記號性，感官本身所見到的觀念需儲存於心靈，心靈才能夠發揮理智作用，它才具有記號的性質。因此，「直接見到」對於感官而言不過是意謂著「接收到」的意義而已，感官是觀念的通道吧！五種感官就是五個不同性質的感官接收不同觀念而已。

既然如此，巴克萊區別五個觀念家族，又認爲它們具有異質性，沒有一個觀念是跨越兩個家族；更不用說，沒有一個「實體」觀念是帶有這五個家族的成員而由同一個感官進入心靈，讓心靈直接見到它們是如何在一起的，或者說明它們就是在一起的。心靈只有間接見到它們在一起，這是透過經驗來「知道」的。這就是說，巴克萊在《人類知識原理》第一節，使用洛克的語言——現實存在物，譬如蘋果、石頭、樹木或書本，是各個感官的觀念集合，但是經由觀察，發現它們經常在一起，把它們看作一體的，所以，這種一體性是「間接知道」的。它就意謂著現實存在物沒有必然的一體性，它隨時有解散的可能。

雖然巴克萊相信現實存在物的一體性，但是維繫一體的基礎在那裏呢？這就是巴克萊所爭論的地方之一。他認爲這種一體性的基礎是在於神，而不在於不可知的物質，理由有許多。就現在這一個脈絡而言，設定「物質」的存在是一種顯然的矛盾，因爲，物質的存在是從「直接見到」或「間接見到」兩方面得知的，現在設定它爲不可知而又是物質的話，豈不是說它不可知又可知嗎？

在定義上就矛盾了，也就是在本質上矛盾的；在本質上矛盾的，是不可想像。說它存在跟說它不存在又有何區別呢？沒有區別，因此這種假設是多餘的，尤其是跟非物質主義所提出的原則 —— 神的存在 —— 來相比的話，「不可知的物質」假設的解釋力太差了，而「神存在」的原則可以解釋一切的現象。所以就解釋力而言，不需要設定它的存在❸。

事實上，巴克萊不僅把這個物質假設看成多餘的，還認為它是有百害無一益的，不需要用物質假設來解釋自然界的一致性、穩定性和規律性，因為這些是人類所熟悉的，我們不應該用不熟悉的事物來解釋熟悉的現象。相反地，要用熟悉解釋不熟悉的。巴克萊就是要從自然界的一致性、穩定、規律性等等來證明神的存在，因為這一些都是我們直接見到的。既然是直接見到的，何必引用不能直接見到的來解釋呢？巴克萊就把感官感覺所獲得的觀念看成「記號性」（就是語言性）的存在，它的穩定性是跟意義性結合，就是依存於心靈，沒有心靈，記號性也就不存在。那麼這些記號就需要「存於心中」(in the mind)。

乙．觀念記號論

「存於心中」(in the mind) 是巴克萊哲學著作中深受誤解的專有術語，有的人把他當作「主觀唯心主義者」(a subjective idealist)，有可能因此而起的。當巴克萊把觀念當作是感官所直接見到時，就意謂著觀念就是具有它的真實性，何況他又採取「常人」的見解 —— 所見到的是事物。那麼事物與觀念之間又有何區別呢？他要說沒有區別。但是很明確又自傲地說，他要用「觀念」來替代「事物」(thing) 這一個詞，因為日常生活

中,「事物」一詞所意謂的是, 在事物之中有某種不可知的物質存在著,而且這種物質可以不需要心靈就可以獨立自存,況且所見到的, 不見得是它的本質。 至於「觀念」呢! 它所代表的只是: 存在於我們心中的是所見到、所知道的存在。

巴克萊不需要證明自我的存在,只需要澄清「自我」所指謂的是什麼? 自我的特性是什麼? 跟其它存有的關係是怎樣? 要達成這個目標的方法, 就是陳述及分析這些觀念,因此,在《人類知識原理》的第二節, 巴克萊就只有指出: 除了觀念的存在之外, 還有另外一類的存在, 跟觀念不相同的存在, 它知道或者見到觀念, 也運用它的各種能力,包括意願、想像、記憶等等來操作這些觀念。它就是具有知覺、有主動性的存在者,也就是平時我們所稱呼的「心靈」(mind)、「精神」(spirit)、「靈魂」(soul)或者「自我」(myself)。 這些名詞所指謂的,不是我們心中任何一個觀念,因為觀念要依賴精神而存,精神不依賴觀念,可以自存。這一點就在該書的第三節提述出來, 包括他的非物質主義原則。

非物質主義原則是:「存在即是被知覺或知覺」。讀者對於這個原則有排斥性,因為巴克萊的陳述有語言上的歧義存在著。第三節的開始, 他從人心中的思想、激情以及由想像所構成的觀念要依存於心, 沒有心靈就沒有它們, 跳到我們在前面所說的那些由感官直接見到的觀念性存有,認為這些都是依附著心靈。將這兩類混為一談,再依概念分析的方式去剖析「存在」(to exist)的意義。到底巴克萊有沒有將「觀念」跟「存在」混淆了呢? 他是不是要說觀念要依存於心, 對象也要依存於心呢? 他所說的「心」是指誰的心靈呢? 在日常生活上, 大家都知道, 在我們未

出生之前就有世界，也相信我們死後，這個世界的事事物物也都不會因爲我們的死亡而消失，難道巴克萊不相信嗎？事實上他也相信，而且不只是相信，又要把它當作「事實」，用來論證神的存在。但在《人類知識原理》一書中，他沒有如此明白地表達出來，讀者們以爲作者需要「神」來解決存有間歇性的難題 ── 當我們的眼睛閉起來的時候，這一個世界突然消失，張開的時候，馬上又存在 ── 巴克萊知道這種困難，於是出版《海、菲三談》來澄清他的立場❹。

如果我們把所討論的對象僅限定在人心中的觀念，則需要了解，這些觀念的存在意義是在生活之中如何使用這些觀念。巴克萊就採取洛克在《人類悟性論》中所提示的觀念記號論。但是洛克採取物質對象本身具有能力，以微粒的方式刺激感官，讓人產生不同的觀念，有些觀念跟物質對象的本性「相似」，有些「不相似」。「相似」的觀念只有那些「初性觀念」，其它的是「次性觀念」。巴克萊認爲洛克的次性觀念是出自於人心，也就是「存於心」(in the mind)，而初性觀念就是「存於物」(in the object)。我們暫時將這一個問題擱置，到下節討論。

把觀念當作記號來使用的話，就需要預設：對象跟記號之間有某種邏輯關係，這種關係是建立在因果關聯的基礎上。洛克認爲物質本身有能力，才是產生及維持這種關係的主因。但是巴克萊不以爲然，他認爲唯有神才具有這種主動性能力，讓對象穩定化，也同時使觀念的產生穩定化，不致於同一個對象在相同的狀況下，對於同一個人有變換不定的觀念。而且對象的變化要有秩序化，同時也能反映出這種變化於觀念上。巴克萊就是相信唯有全知、全善、全能的神才能達成這些條件，不需要將它歸諸物質

本身。

事實上，巴克萊從日常生活去反省這些事物的存在意義，並不是先設定觀念與神的關係。他指出存在和觀念都是在我們的生命、生活中，跟我們這些精神實體有關係時，對我們才具有存在意義。他說：

> 「我寫字的桌子，我說它存在，卽是我見到或感覺到它；如果出了書房，我還可以說它存在，意思是，如果我回來，我可以（might）見到它，或者其它的精神正是看著它。味道是被聞到的，聲音是被聽到的，顏色或形狀是被見到或摸到的。這些語詞以及類似的語詞表達，我才能够了解。」（《人類知識原理》，第三節）

「可翻譯性」是存在被認識的先決條件，這是經驗論者的敎條，洛克採取指謂論（denotation theory of meaning），凡不能落入觀念範圍的，我們不能够理解它；就是說，觀念要有意義的話，需要有對象符應，語言的意義也在於指謂著觀念。在語言哲學方面，巴克萊不完全採取洛克的指謂論。但是在「可翻譯性」的原則方面，就上面引文顯示的，似乎就是直截了當地接受它，用它來述說存在與觀念的關係。因此，觀念的的作用就在於「翻譯」存在，將存在與認知主體之間搭建溝通的橋樑。

將存在翻譯爲觀念，將涉及一些問題，就巴克萊在第三節的情形看來，我們會質問下列的問題：

1.「存在」是由觀念來翻譯的話，是不是要有「直接見到」的實際狀況存在，我們才可以確定它的存在呢？或者在原則上有

翻譯的可能性存在，就可以確定它的存在呢？就是牽涉到，到底要採取「觀念論者」的立場或「現象論者」的立場？

　　2. 如果觀念有五種異質家族的話，是否每一個存在者都要由這五家族全部去翻譯它呢？　如果只對某一家族有翻譯的可能性，是否就能夠確定它的存在呢？

　　3. 如果同一物在許多不同狀況下，我們竟然有不同的觀念存在的話，翻譯的可能性是否因此而喪失呢？也就是說，是不是可以用次性來「翻譯」存在？　是不是只有初性才具有翻譯的資格？是不是所有的觀念具有相同的資格？

　　這些問題就是：「到底巴克萊是觀念論者或是現象論者？　或者兩者的混合呢？」讓我們從這兩種立場去做一番的探索。

丙．觀念論者的詮釋

　　巴克萊在《海、菲三談》第一對話採取洛克的「存在論原則」——「存在事物都是個別的」❹❺。他不僅僅個人相信這一命題是真的，而且把它看作普遍接受的原則。因此，把各個事物都看成個別的存在事物，而且把個別的事物看成個別的觀念，也同時引進洛克對於個別事物的定義，把事物看成觀念的集合❹❻。並且採取常人的見解；存在物即是直接見到的❹❼。他說：「由自然界的作者印在感官上的，都稱為『實在物』❹❽。」因此，他認為在日常交談中，要說吃、喝、穿的都是「觀念」的話，似乎比較難聽，也不做此稱呼。但是，它更能傳達該命題的「事實」，事物等於這些可感覺性質的集合。

　　這是一種觀念論者的版本，將感覺事物當作感覺觀念的集合。在字詞上，如「房子」、「蘋果」、「石頭」、「山川」等等，都

可以隨時在日常生活上有指謂的對象，在命題上，用它們來翻譯
這些語詞。因此，可以不必採用假設的語句或者跟現在狀況相異
的命題來說明：某些特性或存在物是我們的感官所不能見到，但
是它仍然是存在的，直接探取現在各種感官所見到的觀念，作爲
該集合的成員了。因此，把事物看成如我所見的，也就是「存在
即是被知覺」。

　　觀念論者認爲事物的集合是心靈的作爲，把所見到的不同觀
念組合成爲一個個體。在《海、菲三談》第三對話中，菲利諾斯
說：

　　　「海拉斯，嚴格地說，我們所感覺到的跟所見到不相同，
　　用顯微鏡看到的，也跟肉眼見到的是不相同的東西，在許
　　多不同組合的狀況下，都足以組成新的類或個體，也就有
　　無數的名稱或者名稱上的混亂，造成不可能使用語言。因
　　此爲了避免這個困難以及一些明顯的不方便，將各感官所
　　獲得的不同觀念，或者相同感官在不同時空下所獲得的，
　　就它們在自然界的某些關連 ── 共存或連續 ── 人們將它
　　們組合在一起，都用同一個名稱，來指謂它們，也認定它
　　們爲一物。」㊾

那就是說，事物本身有沒有先在的同一性（identity）？巴克萊
認爲沒有，因爲他認爲要肯定它的同一性的話，只有外在的同一
性而已，我們的心靈見到該羣觀念時常在一起，不因有某些成員
聚合上的差異，也使用同一個名稱去稱呼它們，認定它們爲同一
物。

巴克萊不認為使用這方式去認定事物的同一性有何困難，在上面引文的隔頁他就提出對於「相似」的理論，他指出在日常生活上，我們認為不同人可見到「相同」東西，或者相同的東西存在於不同心靈上。至於哲學家的「抽象同一性觀念」(abstracted idea of identity)，他不認為那是可理解的，因為這個抽象同一概念是指謂著同一物質、該物質的本質永在，這些是該事物的「原型」(archetype)。那就是說，我們的觀念正確與否就是需要跟原型符應了，也就是先預設原型不變，該物有內在一致性。巴克萊不認為原型是可以被理解的，又如果設定那是存在於神心中的，則沒有理由不認為已經讓它顯現為可見的事物了，所以不以原型作為同一或相似的原則。此外，從觀念的物性來說。這些觀念是一種「私人語言」(private language)，別人無法見到的記號，如果要確切地知道兩人是否見到相同的東西，那麼只有私人語言要公開化，別人可以進入他的知覺系統裏，跟神經網路聯結在一起，才知道有沒有相同。但是這種「科技」尚未存在，無法有這種直接證據去證實他們是否見到相同的觀念。

另外，既然五種感覺家族體系都不具有相同的性質，而對於某個個物是否擁有這五類的異質觀念，都要依照觀念在時、空上的共存或連續原則去組成的話，因為時間和空間本身又是屬於「概念」(notion)，不是「觀念」(idea)，概念性存有是心靈的對象，不是感官的對象，這種對象是心靈透過感官感覺的觀念而獲得的，乃排列觀念的關係 (relation)，而不是一種事物具有固定不變的架子，也不是另一種實體來接受觀念，因此其同一性並不是依存於物，而是認知主體憑藉在時、空上的共存或連續原則才做成的身分認定，這種同一性只是名稱上同一吧！不具有內

在同一原則。從此，事物才可以等於觀念的聚合了。

因此巴克萊的自然界是一個沒有生命機能的組合，更確切的比喻是，自然界被看成一部書，而不是一個機器。書中的語言是神的語言，對人類所展現的語言。

從觀念論者的觀點來詮釋的結果；巴克萊認為不可能承認不被知覺的物質存在著。一切的存在都是永遠地在神的直觀中存在，沒有任何的例外。一切的存在不具有間歇性，就是當我們的眼睛張開的時候存在，眼睛閉起來的時候消失，這種荒謬性不存在於巴克萊的觀念論裏面，因為神是一直在觀照著它們。

另外，這種理論所容許的物質是不具有任何的主動性能力，包括思惟能力。在十七、八世紀，有一些人認為物質實體會有思惟的性質，洛克並不敢否認有此種物質存在的可能。因為只要神有此意願，就能夠使物質具有思維的能力了，我們不能限制神的作為。但是巴克萊不能承認有此可能。物質只擁有我們所知道的這些性質，因為從未見過任何物有此能力。所以沒有理由去承認物質會有思考的可能性了。

抽象觀念也被排斥掉，因為巴克萊認為「抽象」是導致於相信物質實體存在之來源。但是他排斥抽象觀念是跟語言哲學的課題共同處理的。對於洛克而言，語言的意義在於指謂著觀念，而抽象語詞的意義就是在於我內心中有抽象觀念來跟它符應。巴克萊卻質問，我們藉著那一個感官獲得這種抽象觀念呢？沒有。在我們心中有沒有任何一個「抽象觀念」存在著？也沒有。例如，「人」，我們見到的是個別的人，從未見到「抽象的人」，它包括各種膚色的人，也同時不以膚色來做區別，就是沒有顏色的人，

沒有見過。既然沒有，它就不能在存在界裏佔有任何一席存在位置了，因為存在即是被知覺。

然而巴克萊沒有貫徹這一個立場，這一個立場是以直述句來陳述存在。他卻使用條件句和反事實的命題來表達存在。這就是將現象論（Phenomenalism）帶進存有論了。就是說，當巴克萊要調和日常經驗和他的非物質主義的時候，不得不引進現象論，因為在日常生活中，我們時常使用間接知覺的方式來表達存在，從某些現象去「推論」存在，不會很嚴格地將存在僅僅限定在可直接見到的範圍裏，因此將存在的範圍擴大。讓我們看看他的另一個存有論版本 —— 現象論。

丁. 現象論的詮釋

現象論所要說的不是「存在即是被知覺」（to be is to be perceived），而是「存在是可被知覺的」（to be is to be perceivable）。就是我見到的桌子，我肯定它存在，但是我離開那房間，我仍然說它存在。巴克萊說:「意思是: 如果我回到書房，我可以見到它⑩。」這一個自然界的存在不因為此時此刻沒有見到就消失了。它的存在是從可能被經驗而得到肯定的，它就是使感覺經驗變成可能之來源⑪。反之，如果它不存在的話，則感官所產生的觀念就不算是正確的了，也不可能跟其它的經驗融貫。也就是說，房子、桌子的存在是讓我們的感覺永遠有可能的，只要我回到書房，我就可以再見到那張桌子。這就是以後的英國哲學家穆勒（John S. Mill, 1806-1873）所說的，物質（matter）即是「感覺之永恆可能性」（the permanent possibility of sensation）。

巴克萊似乎將物體如房子、桌子、山、川等等當作個別名稱來使用，對於它是什麼？這種實體語言就用觀念語言來替代，或者交互使用。並且使用直述語句及假設語句來表達這些實體，讓它在我們的命題產生意義。例如，我們的天文學知識告訴我們，地球是圓的，它有公轉和自轉兩種運動，但是從日常生活的觀點來說，這兩項都跟我們的日常經驗相背。巴克萊就要說，如果我們從另外一顆星球來看地球的話，就能夠見到圓形的地球，也能見到它的運轉。這種語氣是假設語氣，「如果……，則……」卽是不認定所見到的觀念爲假，但是這種觀念是可以由存在狀況來說明，在某種狀況之下，將會產生某種觀念，又在另一種狀況下也會產生另一種觀念，這些觀念的變化不是混亂無章的，漸漸地改變觀察的位置，觀念的形狀也漸漸地改變，沒有間斷的現象或不規律化。因此，該物就可以用這些觀念來取代，就像某個語詞在甲脈絡有丁表達，在乙脈絡有丙表達，這些都是它在不同脈絡所呈現的現象。

巴克萊從現象論的立場來批論笛卡兒、洛克的初性、次性的區分，認爲初性與次性都是「存於心中」，不是說，初性在於物，只有次性在於心。讓我們來探究這個課題。

四、初性與次性

洛克採取初性與次性的理論來說明觀念與對象性質和關係。初性是永在物體本身的性質，使用任何物理方式無法將它去除掉的，他的例子是麥，使用切割的方法，一再地細切，固性、擴延

性、形狀、運動或休止，以及數量等性質依然存在❸。這是採取永久保存做爲初性的第一個判準。這一個判準就是笛卡兒在《沉思錄》第二沉思中的蜜臘例子中所要採取的❸。

第二個判準是容許第三者產生相同的觀念，「見到同一物」，可以使用第三人稱來表達，不需要使用第一人稱的語言命題。個人的認知上差異不影響觀念。

在來源上的差異：初性的觀念可以由兩種感官管道進入心靈，可以同時爲視覺與觸覺所認識。次性觀念只由一個管道所獲得。

在功能上的差異，初性可用在科學詮釋上，次性則無此重要性。雖然不知道初性如何產生次性，但是可以知道那些初性產生那些次性❸。

這種初性、次性的區分對於笛卡兒而言，他是要建立數學化的物理學，只要處理擴延性及其變化的模式，就可以建立對於自然界的知識，雖然擴延只是物體的表面性質，其它的無法知道。但是這些知識就足夠於今生的生存了。而洛克要確立因果論的代表主義的實在論，認定在初性上的觀念是跟物質界的存在性質相似，其它方面的觀念因它們而生，但不跟它們相似。故只有初性觀念可以代表物質存有，也從認識觀念了解它們。

至於次性觀念，洛克認爲那是由初性中不可見的部份對於感官作用的結果，只知道對象有能力促成人產生次性觀念，但是這些次性觀念不跟物性「相似」。因爲人們對於次性觀念會因存在狀況不同，對於同一個事物產生不相同的觀念，就很不容易說，那一個觀念是代表事物。他引用一個日常生活上大家都知道的例子，當我們兩隻手不同溫度時，伸入一盆水中，我們認定盆中的水

溫相同，但會發現溫的手感覺到水是冷的，冷的手感覺到它是溫的，我們不會因此想像水又溫又冷吧！溫與冷不能共存，不可同時形容同一盆的水❸。至於初性方面就沒有這種情形存在，例如一個方形體，不會因左手或右手之差別而產生不同的形狀觀念，也不會因人而異。所以他要說，初性觀念是在物，卽使我們沒見到它，也確確實實地在物內而等待人去發現它，而次性觀念是在我們裏面❻。

　　巴克萊對於次性觀念存在於心的理論，大致上是接受了，肯定觀念是由心靈去產生的，但是不接受設定不可知覺的性質去產生次性觀念，因爲設定不可知覺的性質存在的話，沒有積極性的效益，反而是否定大家的共識：「凡是感官直接見到的是可知的事物」。巴克萊認爲次性觀念本身就是事物本身所顯現的像。對於不同的感官、感官狀態或者動物都以感覺最小點的方式呈現出，雖然它們的觀念有不同，但是它們所見到的，都是正確的觀念。雖然同一盆水的溫度相同，冰冷的手感覺水是溫的，至於熱的手感覺水是冷的。這是水對於兩個不同狀況的手所呈現的兩個「像」。我們不必說那一個才是水的本質，但是可以說那是兩個個別的案件或狀況產生兩個觀念仍然沒矛盾，就像是同一個語詞在兩個不同命題中，產生兩個不同的意義、詞性或用法，我們不僅接受這種現象，也不會去爭論本質是否只有一個，更不會去肯定一個命題爲眞而否定另一個命題──就因爲該詞有兩種意義。反而是實施描述定義（descriptive definition）的方式去針對該詞的各種用法進行搜集，將以往已存的用法、意義或詞性通通並列於該詞的條例之下，同時認定它們就是該詞的用法、意義或者詞性了。巴克萊就是採取這種進路去討論觀念，從第一部出版品《視覺新

論》開始就以「自然之普遍語言」(the universal language of nature) ⑰ 來稱呼觀念。

初性及次性觀念才是巴克萊爭執的焦點。他不認爲初性具有上述四種特徵，雖然在科學上初性觀念才是用來表達和計算，在功能上比次性觀念有用，在性質上，初性與次性是相同的。在前面我們就提出，巴克萊的《視覺新論》就是論證空間觀念是由觸覺得到，它不是視覺直接見到的對象，沒有任何一種觀念，包括所有的初性觀念，可由二種管道共同獲得。

另外，觀念是一種「私人語言」(private language)，第二者不能見到第一者所見到的，各個認知者的知覺幕是由最小的知覺點所組合而成的，不只是人類才有這種情形，所有有知覺的動物都有，包括老鼠以及昆蟲。巴克萊爲了要確立這種觀念論，就從第一部出版作品開始批判洛克的初性論，而且是一個個地分批駁斥。在《視覺新論》就批評洛克特別加上的「數量」(number)。他認爲洛克所說的「數量」是指物體本身存在上的單位化，成爲某種單位是不是物體本身的「本性」呢？他指出，數量並不是固定不變而內存於物，完全是心靈的產物，可以按照觀念或者幾個觀念組合爲一而賦予專有名稱，例如，一個窗、一個煙囪，可是一個房子可以有許多窗子和煙囪，但是也叫做一，而且許多家可以合爲一座城⑱。又在《人類知識原理》中他指出：

「同一物的擴延面是一、三或三十六，都是順乎心靈如何取抉它，參照於碼、英尺或英寸。數量顯然相對地依乎人的理解。如果認爲它在心外有絕對的存在，那是很奇怪的想法，我們雖說一部書、一頁、一行等等，一部書含有許

多頁，一頁中有許多行，但是它們都是單位。很顯然地，所謂的單位，只是指人心隨意所組合的某些個別的集合體吧！」❺

「單位」的可改變性是意謂著事物本身沒有內在不可分割性，甚至於初性中的最主要的「擴延性」，不僅在長度或面積的單位上可以隨意地改變，而且在知覺上也會因知覺者的不同而有所差異。巴克萊提問，例如，人跟鼠對於鼠腳會有相同的擴延觀念嗎？一隻肉眼與另一隻使用顯微鏡觀的眼睛看同一物，兩眼會見到相同的擴延面的觀念嗎？從兩尺的距離看一座雕像跟在兩千公尺遠處看它時，會有相同的觀念嗎？不會的。它跟次性相似，沒有單一不變的觀念。巴克萊就逐一地批評其它的初性觀念，「運動」、「休止」、「固性」、「形狀」等，這些觀念都不是完全一成不變的，依然因認知者及其狀況的改變而產生許多不同的觀念。

巴克萊批評初性觀念的目的，是證明它們並不是跟初性「相似」，否則，到底是那一個初性觀念才是「真正的肖像」呢？進一步地說，這些初性也是存於心而非存於物，並不是沒有精神見到它們時，依然保存著這些性質。也就是說，性質的意義是認知者所賦予的，並不是內存於物。「沒有人見到它，它依然保存這種性質」這種話是無意義的。因為既然無人見到它，它有何種性質，也無人知道。那麼用所見到的性質來形容那種無人見到時的狀態，這種語詞也一樣用不上，沒有任何認知意義。

既然如此，巴克萊要從此確立他的存在論，就是否定任何「原物質」、「不可知覺的物質」之假設。只保留那些可以對於我們的感官有「存在意義」的存在者為存在，就是原則上可以讓我

們有知覺的可能性存在的，才算是「存在」，卽使我們的感官沒有那麼靈敏，其它的動、植物能夠感覺到它們的存在，對於它們的生存、生命有影響的話，我們可以藉此「間接地見到」它們的存在，就像是紫外線，雖然是一種光線，不能讓我們的眼睛直接見到，但是它可由其他存在來推論而知。

因此，巴克萊認爲「物」是由我們所能夠知覺的觀念來解釋的。他說：

> 「譬如，『一個骰子是硬的、擴延的、方的』，在這一個命題中，他們〔有些哲學家〕會以爲『骰子』所指謂的是主體或實體，至於硬度、擴延性及形相則跟它不同，只是存在於它且用以描述它而已。這種說法，我是不能理解。在我看來，一個骰子並不與所謂的模態或偶性有區別。要說它是硬的、擴延的、方的，我們不是將這些性質歸屬於一個跟它們有別且支撐它們之實體。我們在這裏僅僅〔用這些觀念來〕解釋『骰子』的意義。」⑳

也就是說，一個實體是由它對於我們所呈現的各種像來解釋的。而且這種現象論也是適用於科學詮釋上。巴克萊指出，雖然那微粒哲學家們設定物質實體存在，但是在解釋時，根本不用這個假設，其實也用不上這個假設，因爲物質實體如何對精神作用而產生觀念，沒有任何一個哲學家想要去解釋它，而且在解釋事物時，也不用這物質實體，只用形相、運動以及其他性質來解釋，事實上這些性質跟觀念沒有兩樣，也不能成爲它們的動力因來用㉑。也就是說，笛卡兒要用數學化的方式去建立物理學，也只不

過用擴延性的形相、大小、運動或休止等觀念而已,「不可知的實體」就變成多餘的設定。

如果「物」是由觀念來詮釋的,如何分辨幻覺、錯覺與眞實的觀念呢?這個課題就顯得更重要了。這一個課題是許多哲學家一直想要解決的,例如笛卡兒在《沉思錄》第一沉思中就是藉錯覺與幻覺來質疑知識的確定性。然而,他在第六沉思中就提出眞正感覺觀念的特徵,用以區別於錯覺與幻覺。巴克萊了解它的重要性,所以提出感覺觀念的特徵來。但是他的見解有些跟笛卡兒很相似。

笛卡兒認爲,我們對於感覺觀念是完全被動的,我們的意志無法掌握它,這種觀念進入我們的感官並不需要我們同意,卽使我要它們,而這些對象並不呈現在感官之前,也不能有此觀念。另外,它是比起記憶中的觀念更活潑和生動。巴克萊也如此地說:

> 「不過,我雖然有能力來運用自己的思想,可是我看到,我憑感官實際感覺到的觀念,並不依靠我的意志。在大白天裏,只要張開眼睛,我便沒有能力來自由選擇要不要看,也不能決定要使某一些特殊的對象呈現在我的視覺之內,至於聽覺及其他的感官方面,也是如此。卽在我的感官上的觀念,並非我的意志產物。因此,一定有別的意志或精神來產生它們。」⑫

接著他又說:

「感覺觀念要比想像觀念較為强烈、活潑和清晰，它們有穩定性、秩序和融貫，並不像那些由意志激發的觀念那麼散漫，並且在規律化的串連或系列中出現，其相互銜控之神妙，足以證明造物者的智慧與仁慈，我們依靠著該心靈所設定的規則或建立的方法，在我們心中產生這些感官觀念。這些規則被稱為『自然律』，我們從經驗中認識這些，經驗也教導我們，在事物的一般情況下某些觀念會跟其他某些觀念在一起。」⑥

眞實的感官觀念具有「强烈、活潑、清晰、穩定、秩序和融貫」等性質，就是肯定存有本身有穩定性和秩序化，這種特性不是出自於物質本身內在的自主性力量，而是神的善意，按照相同的方式來管理自然界，才有自然律的存在。也因此，感官觀念才具有穩定性和秩序化。所以，判斷觀念的眞僞的標準乃是「融貫」(coherence)，凡是能夠跟其他經驗相融貫的，就是眞實的感官觀念了。

其實，巴克萊在這一個節骨眼上，是不得不採取這個融貫論的標準，因爲符應論的眞理判準是用不上的。符應論是要求認知者同時見到對象及觀念兩者，但是觀念是否由於我們自己所產生的？認知者無法知道，如果知道的話，就沒有幻覺或錯覺的存在了，因此，只好從觀念的族羣本身來找尋，如果可以跟其他的觀念家族融貫的，就算是眞實的，這是常人採取的方式。巴克萊認爲這也是科學的眞理判準。這並不是出自於形上學的玄思，反而是出於宗教信仰，藉此來肯定存在的穩定性，爲自然科學奠定基礎，這個基礎卻是基督教的信仰。

因此，我們可以說，巴克萊的自然界是穩定、秩序化的，它的穩定性在於神全知、全善和全能的管理，所以，宇宙存有的存在原則是在於神。神創造物質世界也創造精神的世界；其中包括人類與眾天使，祂也以穩定和秩序化的方式來管理。因此，我們不得不再探究巴克萊存有論中的另一類存有，卽是精神。

五、精　神

巴克萊從知識論的立場來探討「精神」的存在、種類和性質，這是跟觀念性存有的探究相配合的。兩者是相輔相成的。

觀念的存在是透過感官的認識，以心靈去綜合及判斷而確知的。感官只是認知作用中的一部份而已，主要的關鍵角色還是心靈本身。至於心靈本身是什麼？只好將心靈本身做爲認知的主體，也同時做爲客體來看待，就是從心靈作自我認識了。

巴克萊採取洛克及一般人的二分法，將感官感覺分爲兩種，五種感官（視、聽、嗅、味、觸）爲外感官，其他的感覺當作內感官的作用，認爲是屬於心靈本身的作用，包括內在感受或反省、愛、恨、抉擇、推理等等。他認爲心靈的認識是透過內在的感受或反省而認識的[34]，但是他在《人類知識原理》第二節所說的，只是從語言哲學的立場來陳述。他說他知道「心靈」、「精神」、「靈魂」或者「自我」這些語詞並不指謂著觀念中的任何一個，跟它們有所區別，成爲觀念被認識的根源，觀念也存於它。他沒有說明這種內在意識是「推論」或「直接的知覺」，因爲「反

省」或者「某種內在意識」(a certain internal consciousness)
都是含混之詞，「反省」也可以說是「推論」、也可以指謂「直接
的知覺」，何況巴克萊對於觀念的知覺也分爲直接與間接兩類呀！

　　從觀念的存在來討論心靈時，很容易讓讀者就間接知覺的方
面去了解，因爲在日常生活上，對於存在的認識常常是由推論來
知道的。例如火爐裏的木頭，在睡前點著，開始燃燒，到醒來
時，只看到一團灰炭，就說它燒成灰了；看到灰炭就說這些是那
塊木頭燃燒而成的，這是按照物質存在、變化的原則去做成的推
論。那麼，「精神」或「心靈」所指謂的「實體」也是引用存在
原則所做成的邏輯推論吧！

　　但是巴克萊跟洛克相同，採取直接知覺的方式來說，對於自
我的認識是直接的知覺，不需要用觀念來介入的認識，不像「關
係」(relation) 之類的存在，雖然它是「概念性」(notional)
存有，心靈也是概念性的存有，但是，關係是需要觀念的存在，
雖然不必然在此時此地現有的直覺狀態裏一定要直接見到觀念，
如果都沒有觀念，關係就不復存在。巴克萊不採取這一種態度去
了解心靈，就是，即使沒有觀念存在，心靈依然是內在意識的直
接對象，直接見到的。

　　至於別人的心靈，我們對它的認識是一種間接的知覺而知道
的了。巴克萊說：

　　　　「我們知道別人心中的觀念是藉助於我們自己，我們假設
　　　　它們〔在他們心中的觀念跟在我們心中的觀念〕是相似，
　　　　所以我們知道別人的精神是藉助我們自己的靈魂。」⑥⑤

在《海、菲三談》中，他也說：

> 「對於別的有限精神之存在，我們可以承認，既無直接證
> 據，也無證明的知識 (a demonstrative knowledge)，
> ……如果我們見到記號或結果，它們指示著有像我們自己
> 那種個別有限的代理者，也見到沒記號或跡象讓我們有合
> 理地相信物質存在，……這將不蘊含著設定物質實體跟這
> 種〔他人〕精神是在相同的基礎上。」⑯

那就是說，對於別人心靈的存在是採取類比論證，我們有共同的
生活、生存的模式，從我們如何去了解外在自然界、如何去交
談，到了從生活中去驗證等等行為，而看到別的行為主體也如此
做，才會從身體表現去「知道」別人心靈的存在。這種知識並不
是「證明的」，因為巴克萊把「演繹性證明」才算是「證明」，但
是類比論證也不算證明，只算是顯示 (show)。在此意味下，我
們算是「知道」別人心靈的存在，這跟相信「物質實體」不相
同，因為後者根本無法讓人知道它，只有「支持」著那些觀念的
存在。

　　至於精神的性質，巴克萊認為，精神是具有實體的不可分割
性，只是一個單位性的「實體」，他引用古代的語詞「單子」來
形容它，並且用它來凸顯人格 (personality)，他說：

> 「依照柏拉圖哲學，存在與同一是相同的，結果是我們的
> 心靈在存在與和諧上都參與〔神〕，似乎是，人格是心靈
> 或靈魂的不可分割的中心，只要是人即是單子。因此，只

要參與神的和諧，人（person）就確確實實地存在。在
人（man），單子或不可分割者即是自我同一的自我，確
確實實的自我……。」⑥⑦

在他的早期《哲學評註》中，他曾經有一陣子將自我看成知覺的
集合，就是把自我意識跟自我實體看作同一。但是很快就放棄掉
這種見解，並且在《亞勒西逢》的第七對話中加以批評。然而這
種說法卻在休謨的哲學中呈現出來⑥⑧。

　　把精神實體看作一個不可分割的單子，一方面要表現出內在
自主性的能力，跟神相似，擁有神的形象，就是具有知覺、理
性、意志的存在者，可以認識觀念，並且能夠對它們實施各種運
作，成為運動和改變的主要原則⑥⑨。所以在存在論上的性質完全
跟觀念不同，觀念完全是被動性、可分割性，沒有內在同一性。
而精神有。

　　然而，巴克萊把人看成肉體和心靈的結合。由於肉體沒有內
在的同一性，而且只有感官感覺的功能，所以巴克萊似乎沒有心
物二元論的困難，到底身份認同原則（principle of personal
identity）在那兒？從他的觀點而言，是在於靈魂，不在肉體，
因為肉體有生老病死各種變化情況，如果是在於肉體的話，則跟
他所持的基督教信仰相違背，他所接受的是《新約聖經》的靈魂
不朽論。

　　巴克萊認為今生的人是由身、心二者的結合，雖然兩者的本
質不同，但是神使它們結合，所以今生的自我是包括靈魂和肉體
兩部份，幸福也包括這兩方面了。人不只需要提昇精神的生命品
質，就是改變帶有「原罪」的自我，使它在理智上擁有完備的知

識，能夠認識神，了解職責、自然法則，也能夠遵循它們，使行爲合乎道德的善（moral good），最後能夠得到眞正的至善，就是神所賞賜的，進入天國，跟衆天使共同成爲天國的市民❼。但是在今生的生活，也需要有足夠的日需品，獲得健康的身體。

　　雖然巴克萊的靈魂不朽論是根植於《新約聖經》，但是他依然認爲這種理論可以由自然界的生成變化來得到印證。他認爲自然界的事物，在生成變化上是相似的。而自然界的事物是週期的改變，從死復生，當多季來臨時，大雪覆蓋著大地，許多事物包括樹木花草，都呈現枯乾死亡的狀態，但是大地春回時，花草嫩葉應運而生，一切呈現生生不息的現象。那麼人類肉體的死亡，也不等於減亡或消失，只不過像是毛毛蟲變成蛹的狀態，人能復活，就像蛹變成可愛又美麗的蝴蝶，那時就自由自在地遨翔❼。

　　這種見解是巴克萊在證道中所提的。雖然他認爲從自然界來論證復活與靈魂不朽，但這只不過是「類比論證」而已，頂多證明這是可能而已，並沒有必然性，因爲毛毛蟲變成蛹跟人的死亡是兩種不同的狀態和生命歷程，兩者類似之處相當地少。又以大地的多去春回的類比，也不是很恰當，因爲今天的樹木是多眠狀態，而靈魂有此種的「多眠」嗎？何況兩者是完全不同的存在，一個是不具有內在同一性的觀念性存在，另一個是有內在同一性、自主性的概念存有，類似之處更是稀少，故此類比論證的有效性是可疑的。

　　可是巴克萊最主要是從神的存在來了解靈魂的不朽，如果神存在，人的靈魂跟神的靈相似或者同質的話，則靈魂的不朽更是可能的。對於巴克萊而言，「永生是我們究極的目的 ❼」。是人

生幸福之必要條件，從宗教與道德信仰的觀點來說，它是信仰的主要內容，所以靈魂不朽是一種宗教信念，也是存有學的信念，只要相信精神是單子，是不可分割的主動性實體的話，就是蘊含著萊布尼芝的單子論的意義了，它是永不生滅，除非神要將它消毀，那是另當別論，否則，死亡只是意味著靈魂脫離會腐朽的身體而已，靈魂不會因此而死亡的。又既然接受基督教信仰，基督的死以至於復活，就是一種最重要的宗教「保證」。所以，巴克萊最主要的任務就是如何讓人類從自然界的存在及存在秩序來了解神及其全善、全智、全能的屬性了。因此，靈魂論的主要課題不僅僅在於不朽與復活的層面，更重要的是靈魂本身的認識能力與先天觀念 (innate idea) 的課題上。所以，在探究神之前，我們還是需要了解靈魂與先天觀念。

六、靈魂與先天觀念

雖然洛克也採取精神實體說，但是拒絕笛卡兒的「先天觀念」的概念⑬。因此在《人類悟性論》的第一部就全心全力地批評與駁斥先天觀念以及先天原則。認為心如白板，一切觀念都是因「經驗」而獲得的⑭。

巴克萊確實也熟悉這一個教訓，因此在早期的知識論與形上學的作品中，「先天觀念」似乎從不浮現出來。但是在道德哲學方面的作品，例如在都柏林三一學院教堂的演講，並隨即出版的《絕對服從》中，巴克萊就用類似「先天觀念」的語詞來陳述，他說：

「這些命題稱為『自然律』，因為它們是普遍的，義務
性不是來自於政府的批准，乃直接由自然界的作者本身而
得。據說是『烙印在心上』、『刻在心板上』，因為人所熟
知，良心一再地提示之。最後，它們也稱『理性永恆的規
則』，因為它們必然可從物性獲得，也可藉理性無誤地演
繹而得證明。」⑦

對於「觀念」而言，巴克萊並不認為可以有先天性。但是「自然
律」不是觀念，而是「概念」(notion)。因此，他引用《聖經》
的語詞「烙印在心上」與「刻在心板上」來描述普遍必然性。也
因為理性是靈魂的能力，理性終必從自然界得知它們，也必然要
遵循它們。因此，我們可以說，巴克萊接受「先天概念」(innate
notion) 的理論。就是，靈魂本身不是一部沒有軟體的電腦，在
出生時就有先在的某些概念了。

　　然而，巴克萊並不完全採取顯在化的先天概念論，反而用潛
在的方式隱藏在靈魂之中。在中期的作品《亞勒西逢》中，他以
「自然概念」(natural notion)⑦來取代「先天概念」，認為靈
魂在出生時所擁有概念是一種潛在狀態，需要有適當的敎養和啓
發，它才能「自然地發展」出來，他用蘋果子、蘋果樹與蘋果的
關係來說明，一顆蘋果子，在適當的時、空和培養，就能夠從萌
芽、成樹，到生出蘋果來，如果後天的因素太差，不僅不會結出
蘋果，甚至於蘋果樹也不可能長得起來。不過一切條件都存在
的話，結出蘋果是必然的或「自然的」，我們也可以說，「自然
律」是「自然概念」，因為靈魂獲得適當栽培的話，理性就會

「發育」，可以從自然界的事物，而認識這些自然律了。

在後期的作品《存在鏈》中，巴克萊引用柏拉圖的先天觀念的理論來陳述他的靈魂先天概念說。他說：

> 「柏拉圖哲學的教義是，人的靈魂原本有先天概念，需要有可感知的機會，來喚醒、激起或觸發那些先存、昏睡、潛藏於靈魂之中的概念，絕不是去產生它們，也就像是那些儲存在記憶的事物，雖然不是實際地一直觀注它們，一直到其他對象喚起它們，帶到視野裏面。……柏拉圖在〈第七書信〉中，並不區分理性與知識，心靈與知識。也就是說，心靈、知識與概念在習慣上或實際行動上，永遠是結伴而行。」[77]

「巴克萊全集」的編者之一的耶索柏 (T. E. Jessop) 就認為，巴克萊在這裏所說的話，並不是陳述柏拉圖理論，是說他自己的見解。換句話說，靈魂之中早已存在著許多概念，像「存在」、「美」、「善」、「相似」、「平等」等等概念[78]，只是需要有適當的機會來「喚醒」它們吧！

既然如此，巴克萊的「人」是需要教育的人，在智性上需要培養他們，啓發潛藏的理性和悟性，讓他們了解神對於自然界所設定的「自然律」。在德性上，同樣地需要訓練，因為靈魂是墮落的，帶有原罪，靈魂像牡蠣，肉體是一層堅硬的外殼，需要透過道德教育去訓練，使用宗教教育來威脅利誘他，讓他知道存在界不是只有今日世界，也有另外的世界，比起這一個感官的世界更美好的。當他們只為維護這個動物生命時，教誨他，不要忽略

了那個睿智界❼。知道唯有神才有能力與權柄，讓他進入那個世界，但是要獲得神的賞賜，就需要遵循「道德律」，凡是符合道德律的行為就是「道德善」(moral good)❽。既然人的靈魂已經潛藏這麼多的概念，就是有可能藉此而認識神。神也就不是一位「未識的神祇」了。

七、神

巴克萊哲學的中心是神。無論從形上學、道德哲學、或者知識論等各個角度來看，都是最主要的：宇宙一切的存在都是由神而來，一切存在得以繼續存在，也是因神而存的。要獲得自然界的知識，也需要神，因為觀念是藉神的作為，才會存於人心中的；觀念是神的普遍語言，神使這種語言穩定化、秩序化，人類才能夠曉得自然律，用自然律來預測未來，解釋事件。神是道德法則的創造者，沒有這些法則，則天下大亂。凡是符合道德法則的行為即是道德的善，神所喜愛的人就是有道德善的人，唯具有道德善者才會蒙受這種特別的賞賜。所以，沒有神，則巴克萊的哲學將不復存在，也不再是巴克萊哲學了。

從基督教的觀點，神只有一位，而有三種位格，即是三位一體，至於祂是如何成為三位一體的？巴克萊依然當作宗教的神秘。雖然對祂沒有清楚的概念，也沒有關係，只要能具有實質的效果那就好了。這是在他的《亞勒西逢》第七對話所提出的語言哲學，認為只要人們對於三位一體的神產生崇敬和畏懼，因此而棄惡從善，做出善事，則「三位一體」這種語詞雖然沒有清楚的

觀念，依然是可接受爲有意義之詞。

如果就語詞意義之立場談「三位一體」，則我們可以接受它的「意義」，肯定這一個詞在我們的語言之中扮演何種角色。這是採取「意義卽是使用」的原則來說的，只要在該「遊戲」（game）之中扮演某角色，就有意義，例如象棋，在棋中的「將」或「帥」是有意義，但是它有沒有存於現實存在的世界呢？我們說，沒有。那只是遊戲中的一顆棋子而已，不必然指謂著現實存在的一個人。故「三位一體」不見得要有所指謂才會有意義，但宗教上不光肯定祂的角色，也肯定祂的存在。

基督敎的三位一體論是指聖父、聖子與聖靈，從宗敎信仰的立場，巴克萊接受它。但是在哲學的立場，他就很少採取宗敎信仰中神秘的部份，譬如「重生」是藉耶穌基督以及聖靈的力量來改變人的存在品質，使他從墮落、罪惡中提昇起來。換句話說，如果採取傳統對於神學的二分法，啓示神學與自然神學兩大類的話，巴克萊比較接近於自然神學的立場，而且對於「基督論」的部份就很少談，大部份在討論「上帝論」。

聖保羅（St. Paul）在《羅馬書》中指出：

> 「人的不虔不義蒙蔽了真理，上帝就從天上啓示祂的義憤。上帝懲罰他們；因為關於祂的事，人可以知道的，已經清清楚楚地擺在他們眼前，是上帝親自向他們顯明的。上帝那看不見的特性，就是祂永恆的大能和神性，其實從創世以來都看得見，是由祂所造的萬物來辨認出來的。」

（《羅馬書》*1*: 18-20）

這是自然神學的立場，透過自然界的存在就能夠認識神，自然界就是一種「普遍啓示」，相對於耶穌基督的「道成肉身」爲「特別啓示」。從普遍啓示來認識神就是需要以理性爲最主要的認知媒介。巴克萊對於自然啓示是完全接受的，不只是早期作品採取這種立場——要揭開自然界的存在面紗，就是要彰顯神的存在與特性，中、晚期的作品也是如此。

巴克萊討論觀念、心靈等等課題，事實上，從另一個角度而言，就是要論證神的存在，而不是只爲觀念或靈魂的存在特性去做探究。至於巴克萊有關神存在的論證，按照當代學者見解，有下列兩個 ——「連續論證」(the continuity argument) 和「被動論證」(the passivity argument) ❸。筆者認爲這兩個論證只是其中的兩個，巴氏作品幾乎都是朝向神的存在作論證或說明。不過爲了澄清他的立論，我們就「連續論證」做詮釋，看看是否能夠達成目的。

就連續論證來說，巴克萊在《人類知識原理》第三節提出，書房裏的書桌，它的存在是我感覺到，我就說它存在，如果離開了書房，我依然會說它存在，意義是我如在房內就可以見到它，或者「其他精神確實在看著它 (some other spirit actually does perceive it)」。許多人質疑：到底巴克萊要證明物體有連續性，或者他已經相信事物有連續性了？事實上他已經相信連續性是事實，要從事物的連續性推論神的存在，因爲唯有祂的存在才能解釋事物的連續性。然而《人類知識原理》並未如此地陳述出來，故讀者產生困惑。

巴克萊的連續論證在《海、菲三談》中比較明確地陳述，該書寫著：

「海拉斯: 假如你死了, 你是否認為可由感官見到的事物
依然可存在呢?

菲利諾斯: 我可以〔做此認定〕, 但是它必需存於其他心
靈中。我不否認任何感覺事物可在心外有現實存在, 並不
是特別只指我自己的心靈, 而是所有的心靈。很顯然的,
它們在我的心靈之外存在著, 只要在經驗上就知道它們從
心靈獨立出來(to be independent of it)。因此, 在我
沒有見到它們那段期間, 它們存在於別的心靈, 同樣地,
在我出生之前以及死後我不在了, 它們同樣如此存在, 對
於其他被造的有限心靈而言, 這也是如此, 則必然跟隨的
〔結論〕是, 一個全智永恆的『心靈』(mind) 存在,
祂認識也了解所有的事物, 依觀念的方式和祂所訂定的法
則, 就是我們所說的『自然律』, 將它們呈現在我們的視
野裏。」⑫

英國學者邊內特 (Jonathan Bennett) 認為這個論證是:

(a)當無任何精神見到時, 沒有任何觀念聚合可存在。

(b)對象是觀念之聚合。

(c)當某些人的精神未見時, 對象有時存在著。

(d)因此有非人之精神 (non-human spirit) 有時看著對
象⑬。

　　他認為只要(b)是假的, 則這個論證是全然無用, 何況結論(d)
又是格外地脆弱。但是, 如果將(b)換成常人對物體見解, 則(d)就
增強了。當然, 邊內特對巴克萊的批評不僅如此, 他認為問題一

籮筐，譬如在引文中所說的「獨立」(independent) 對於巴克萊在各個文章脈絡中，就將「引起」(caused by) 跟「擁有」(owned by) 兩種不同意義的意義交互滲雜於「獨立」一詞之中，也就是我「擁有」觀念，這觀念不能從我而「獨立」，跟這個觀念不是由我引發，是由其他的精神使它存在，它不能「獨立」於該心靈。他將這兩種不同意義混淆，產生理論上的困難。

但他的前提(a)是巴克萊的觀念論的結論，所有的觀念是存於心，而外在的事物跟心中的觀念具有可翻譯性，巴克萊認為可以省略「事物」(thing) 一詞。因此，這個命題如果是真的話，則觀念（包括心中的觀念和外界的事物）都要依存於心。至於(b)，那是洛克的命題，也是從(a)引伸出來。(c)是常人的命題，是現象論詮釋可以支持的。所以(d)結論是可接受的。

這個論證的困難是在(a)與(d)，例如需要證明人的心靈與神的心靈有何區別？或者沒有區別？如果人的心靈跟神的相同的話，巴克萊認為我的觀念不是由於我所引起的，何以一個跟我相同的神可能將它們放進我的心呢？巴克萊認為感官感覺是純然被動性，人是需要感官才能夠感覺，而神沒有肉體性的感官，也不以空間為感覺器，只藉純粹的理智去認識，純理智完全地主動性，不受物質或外在物的影響就有知覺。但這如何可能，巴克萊不加以討論，只是指出：

> 「認定神為動物的知覺性靈魂，即全然地無用且荒謬。神無感覺器，也沒有類似感官或感覺器。感官蘊含從某些別的存在獲得印象，就意味著有印象的心靈對該物有依賴性。感官是一種激情，激情含蘊不完全。神以純粹心靈

或理智認識萬物，不藉著任何感官或使用任何感覺器去認識。」[84]

認為神的知覺是純粹理智的話，我們就會質疑理智與感官的認知有沒有相同？理智可推論而知存在，但不知觀念的特別性質。例如紫外線，我們的視覺無法「看到」它，我們的理智知道它存在。聾子用手觸摸歌唱家的喉嚨，由於振動，知道那人在唱歌，難道他能夠感覺歌的幽美嗎？不可能。況且巴克萊認為五種感官有五種異質的對象，則神沒有這些感官，祂所知道的五種觀念，那是什麼觀念呢？到底如何使用「看著」(perceive) 這語詞去解釋連續性呢？

當然，這種困擾可能是因「觀念」一詞來替代「事物」時才產生的，如果將「事物」即是讓我們的感官永遠對它產生知覺的話，則事物的連續性就是現象論的命題，但是這種現象論就又要有另一個形上學的命題，一切事物的存在都是神的「觀注」才能夠存在。這一個命題就是巴克萊所要陳述的，他認為這是基督教信仰所肯定的，也是他的哲學的詮釋的。因此，對於巴克萊而言，這就是「合理的」命題。結論(d)還是可以由(a)、(b)、(c)所導衍出來。

然而神的理智在本質上是不是也跟人的有所不同呢？巴克萊很不願意說不同，只承認兩者之間只有量上的差別。他反對神秘主義，也不認同理智異質論。他認為，如果認定神的理智是跟人的不相同，則神對於宇宙以及其他事事物物的管理方式，就不可能用人類的「智慧」之語詞去描述神。也就是說，「智慧」只能用來形容人而已，世上的這些規律化、穩定性或者自然律等等就

不能算是神的「智慧性」安排了。那麼神的「理智」是什麼，也就無法知道了。至於其他的性質也有相同的困難了。如果說神的「善」跟人的不相同，則人們一直努力想要去做成的「善」，就不見得是「善」了，那就是包括巴克萊本人認爲的「善」事，例如要遵循道德法則，連這一個「善」都不見得是善。則人類又何必要以理智的方式去溝通呢？又何必刻意去爲善呢？巴克萊認爲全善全智全能都是神的特性，也不是隱喻性地去了解它們。

因此，巴克萊所需要的是將宇宙的特性，包括事物有連續性，做爲證據，用來證明神的存在和性質。讓人知道神不只是比我們更有能力，更有智慧，也更仁慈。我們自然而然地對祂產生崇敬之心，不會只產生懼怕而遠之。祂的仁慈讓宇宙有秩序化，使人得知觀念跟觀念間，在何種狀況下產生何種觀念；因而獲得有關生存需要的自然知識。那麼，祂就不是一位不認識的神了，是一切生命的泉源了。巴克萊正如聖保羅站在亞略巴古議會上所說的：

> 「雅典的居民們！……我在城裏到處走動，觀看你們崇拜的場所，竟然發現有一座祭壇，上面刻著『獻給不認識的神』，我現在要告訴你們的就是，這位你們不認識却在敬拜著的神，這位創造天、地、和其中萬物的上帝，乃是天地的主……我們的生活、行動、生存都在祂手裏。」（《使徒行傳》17:22-28）

然而，巴克萊依然知道人們的心中存在著另一個困惑，那就是，爲什麼仁慈的神會讓罪惡存在著？這些罪惡並不是暫時或偶

然的存在，幾乎各個時代、地域都是它們的陰影籠罩著。因此，會懷疑：到底是神無法除去罪惡，還是祂不願意除去罪惡？罪惡變成產生敬畏神的障礙。巴克萊自己認為，他的作品就是為了讓讀者對神產生崇敬，對基督教的四福音書中所陳述的真理，產生敬佩，會努力以獲得這真理，而止於至善。否則，他的努力是枉然⑤。那麼，他就要為神做辯護了。

八、神與惡

就中文而言，「罪惡」可以指事件或行為，包括違背道德的行為以及行為的結果。因此，大致上要用在具有意識的人方面。至於「惡」所包括的範圍就比較廣泛了，包括無意識存在的事件。我們採取廣義的惡 (evil)。

首先，巴克萊對於宇宙內的惡分為兩大類：甲．物理惡 (physical evil)；乙．道德惡 (moral evil)。這一個分類的基準在於，具有道德意識者可以控制該行為使得該行為存不存在，也知道行為的意義。如果讓它存在的話，因而造成傷害，他需要負道德責任，如果這行為不是因人而起，是自然界的變化造成的傷害，就是物理惡。問題是：這兩種惡要不要由神來負責任？

甲．物理惡

巴克萊不僅認為存在即是被知覺，還認為存在即是善。這種見解存在於該哲學的各個層面，從存有論到道德、政治、經濟與社會各方面。那麼，我們會質問，難道天災地變、戰亂，以及集

體謀殺和天安門事件等等事件，豈不是「惡」嗎？巴克萊認爲
這些是否爲惡，不要混爲一談。需要從不同的觀點來了解這些
「惡」的存在性質，才可以說那是不是算作惡。首先他採取存在
鏈的見解來辯解。

(1) 存在鏈與惡

巴克萊一直都採取新柏拉圖主義的見解，認定宇宙萬有並不
是清一色的物質結合，或者只跟精神存在做壁壘分明的二 部 存
在。反而認定存有界從神到無機的礦物結合成一個不能斷裂的存
在鏈，神「貫穿」整個鏈，這才構成它的和諧與美。但是要和諧
就不應該各存有相同，需要各有不同的性質、角色，才能譜成完
全的存在鏈。他說：「就如動物，不可以每一部份都是眼睛。在
城市、喜劇、圖畫、各階級、人物以及色彩等等方面都不是相
等或相同；甚至於過與不及，以及相反的性質都促成世界的美
麗與和諧❻。」這是將「惡」看成跟所謂的「善」有不同的存
在特質，因而它們有不同的功能，配合善成爲一個「完美的」宇
宙。

將惡看作另一類存在以配合完美的存在，這種辯解並不能完
全讓人信服，因爲惡不是只稱爲「另一類的」存在而已，根本上
不能跟其他的存有「配」，才叫做惡，就是發生在善、美的事件之
中，破壞了善和美才叫「惡」。它不是一種消極性(negative) 的
存在,不是像缺乏光才叫做「暗」，而是一種積極性的破壞,天災、
地變，將一座完美的城市毀於一旦，這不叫做存在鏈的和諧。巴
克萊需要從另一個觀點來詮解。

(2) 自然律與惡

天災地變是物質存有按照存在法則的運動而產生的結果，幾

千萬年來，宇宙按照某些自然律在運動，巴克萊認爲這是神管理宇宙的方式，由於該方式規律化，所以人類以及其他動物就按照那些自然律來維持生存，如果沒有規律化，則一切的動植物就無規律可循，就無知識可言，甚至於連什麼是水，也無法知道，因爲水已經不再是水了，一切生物就無法生存。所以規律化是生存的先決條件。規律化是神使用相同的方式管理宇宙的結果，祂讓自然界保持它的自然法則，這是神的美意。

我們就會聯想到宗教上的神蹟，巴克萊做爲英國國敎的主敎，當然相信神蹟的存在，但它是違背自然律，例如耶穌將水變成酒，醫治許多的病人，如果耶穌也是聖子上帝，何以讓自然律被中止呢？他認爲，神蹟不是爲了要救那些個人，而是要藉該神蹟來彰顯耶穌是基督，是拯救世人的救主，因此，它的功能是羣體大衆的拯救，所以神才暫時中止該自然律。這也顯示自然律可以被神在全體的「幸福」之前提下被中止。因此，全人類的生存是優位的，維護自然律而造成傷害的話，不能歸咎於神。他說，如果一位王子對於該國家很重要，但是，當他從懸崖掉下來時，神不會馬上中止萬有引力而讓他不會摔死，藉以挽救該國❸。否則，自然律就無法存在，至少也被質疑。

這種辯解依然有問題，意味著神非全能的，依然無法採取無瑕疵的管理方式，這個自然界才會因管理方式的固定化而造成災害。然而，巴克萊也可以從另一個立場做辯解。

(3) 神的豐富性與惡

貧窮的人需要節儉，沒有能力製造東西的人，就不可「浪費」物品。至於富有的人，他可以穿金戴玉，大魚大肉，也不見得叫做浪費，因爲他有能力去賺去製造。巴克萊就從這種觀點來辯

解。巴克萊認為人們需要用盡心智和體力才能做出事物，因此節儉地使用這些資源和財物。如果要做成很精妙的事物如各種動植物的組織，就束手無策。但是對於創造主而言，宇宙萬有的存在，祂並不需耗費任何功夫，只要是祂願意，一切就存在，正如〈創世紀〉所載，上帝說有天，就有天；說有地，就有地，這種無與倫比的創造力，跟天災地變所喪失的，根本是相差太大了，這些損失算不得什麼，反而更彰顯神的大能與「富有」㊳。

這種辯解反而彰顯「暴發戶」的心態，反正有的是能力，宇宙的部份損失不放在眼內。可是在非洲曠野一個個餓死的小孩或成人，都是「人」，他們死得那麼悽慘與痛苦，難道一點同情心都沒有嗎？神的「仁慈」何在呢？巴克萊又有另一種詮釋，那就是從整體論的立場來辯解㊴。

（4）永恆的觀點與惡

地球只是宇宙中的一個微小的存在，人生是短暫的，人從短暫的今生生命當做衡量善惡的立足點，這是錯誤的。今生不是永恆的，唯有未來的世界才是永恆的，今世的快樂是短暫的，無法跟來生幸福相比擬。只從今生的偏見來看神，才會因為這些物理惡來報怨，因為物質敗亡或天災地變乃是新生的契機 —— 雖然死亡是一件痛苦的事，但是它促成新生，讓大地產生資源，也讓種族生命得到生生不息。落葉讓大地肥沃，火山爆發，埋沒了森林，才讓後代有石油。變動的世界是一個生生不息的世界，從這永恆的觀點而言，宇宙是長存的，也永遠成為後代子孫繁殖、生長的地方。

因此，按照自然律運動的宇宙，發生都是依照神永恆的理智而發生，稱不上「善」與「惡」。這一切的發生是對於所有的人

「類」有益的。因此，這一類的事件不會成爲宗敎信仰的障礙。

乙. 道德惡

一個道德意義的行爲需要: 行爲主體具有認知能力，知道他是在做些什麼事，它的影響又如何。他也能夠有自主性能力去控制行爲，要不要讓它發生。否則，行爲主體將「不負道德責任」，或者該行爲不算是道德惡。巴克萊認爲人是墮落的，習性本惡，只爲今生的事物，只見今日物質的世界，認爲這是唯一的世界⑨。也就認爲「至善」就是在於這些感性的事物上⑨。因此，不擇手段，引發這些道德惡。

那麼，道德惡就是出自於人的無知、意志的薄弱、理智受感性存有的壓制，因而藐視道德，只爲自己的利益。因此這些惡的存在不能歸咎於神，要怪的是這些自私的人。

巴克萊認爲不僅應該防犯道德惡，也可以從宗敎敎育與公民敎育去改變人的意志、品味、習性和激情，而得到改善，因爲人一出生下來，就長期受到感性的影響，激情驅使人去追求物質性存有，理性提供獲取的方法，因此，人變成比野獸更爲凶惡，只求得自己的利益，巴克萊稱之爲「怪獸」(monster)，用今日法國哲學家沙特 (Jean-Paul Sartre, 1905-1980)的話來說，人變成別人的地獄。但是神早將這個現實世界變成一座「道德訓練營」⑨，使人成爲一個好的天國國民。

「道德訓練營」是訓練人類的知性、德性和品味，讓他們知道道德律，會主動性地去遵循它們，藉此改變人類的氣質，使人不再成爲帶有「原罪」的人，不再是破壞宇宙秩序的頑童，不再是一隻「不知好歹的怪獸」。而是能夠跟神共同創造宇宙新秩序

的「同工」，就是成爲「君子」，能夠「參贊天地之化育」。　這是
讓人類獲得眞正生命的意義與存在的尊嚴。因此，道德惡不能歸
咎於神，可以看作過渡期的產物，是神人共同要去除的對象。

　　以「道德訓練營」的比喻來做辯解，　這並不見得具有說服
力，因爲:

　　1. 受訓者並不是所有的人，　許許多多的人都在未能「受
訓」之前就先犧牲了，或者只是訓練時的器材而已。只有少數人
才是受訓者。則訓練論並不具普遍意義，或者神是偏心的。

　　2. 「訓練」要讓受訓者知道何種行爲有何結果，才能達成
訓練的目的，　可是我們未能看到做好事的人有好報，　反而是做
壞事的人有「好報」，反例多於正例。「訓練」的意義需要調整
❸。

　　3. 如果一位沒有才能的白癡，在長期的敎育之下，依然不
能知道1加1等於2，則我們要歸咎誰呢? 我們會歸咎於遺傳，而
不是任何人。如果不是遺傳，也歸咎於相關的環境、敎育人員、
父母等等，都不能怪罪到白癡本人。同理，如果人是塊朽木，他
就不應該負行爲責任，就會反問神，爲什麼要造這個「不完全的
人」入「不完全的訓練營」，　又給予「不公平的」判決 —— 如果
他會做善事，　則有好報。　會不會做好事已經不是他所能控制的
了，　即使是聖徒，像聖保羅，他也無奈地說:

　　　　「我竟不明白我所做的; 因爲我所願意的，我偏不去做;
　　　　我所恨惡的，我反而去做。……我也知道，在我裏面，就
　　　　是在我本性裏面，沒有良善。因爲，我有行善的願望，却
　　　　沒有行善的能力。我所願意的善，我偏不去做; 我所不願

意做的惡，我反而去做，如果我做了我不願意做的，就表
示這不是我做的，而是那在我裏面的罪做的。』（《羅馬
書》7: 15-20）

罪惡是不是成爲宗教信仰的絆腳石呢？是不是一定要提出一
套完整的「神義論」呢？哲學家們似乎認爲那是必然的，而且可
行的。事實上，不見得，以拯救人類脫離罪惡爲目標，以道成肉
身的基督，爲世間付出生命的代價，死在十字架上。宗教信仰的
重點在藉信仰而提升人的德性能力，因此而產生自主性能力去爲
善，而不只是去做我不願意做的惡。因此，只對善做分析，而徒
求善的知識，就像永遠只在討論游泳知識，而實際上卻不曾下水
去游泳一樣。換言之，基督徒所關懷的是如何去除罪惡，神是否
有能力、有意願去除它們，那就足夠了。

總之，巴克萊認爲神是全能、仁慈和智慧的，祂創造精神和
觀念的世界，它們各有固定的自然法則，人類要跟自然的觀念世
界溝通的話，就需要了解這些「自然法則」，按照它們來維持身
體的安全與快樂。至於精神的世界方面，神也爲他們確定自然法
則，就是道德規則，人們需要了解它們，遵循法則，獲得神的最
好報賞。在這方面，人們更應該謹慎，才能得到眞正的幸福。因
此，我們需要對於他的道德哲學再做一番的探討。

注　釋

❶ 參閱亞里士多德《形上學》卷一章一，982a。卷一就是古希臘哲學
　史，尤其是存在論史。

❷ 巴克萊認爲沒有陳設新概念，他所致力的是，將常人和哲人雙方所共

同擁有的眞理結合在一起，並且陳放在更明亮的光線下，使人更明確
地了解。至於常人的意見乃是「凡是直接見到的事物都是眞實的」。
而哲人認爲「直接見到的乃是存於心中的觀念」。將這兩種意見綜合
在一起，就是構成他所要說的了。見《海、菲三談》，第三對話。調
和這兩種概念是他的哲學活動之一。《海、菲三談》跟《人類知識原
理》所探究的課題幾乎相同，但是巴克萊爲了要使讀者明瞭《人類知
識原理》，所以在這一部《海、菲三談》中刻意地去表達這些哲學課
題的脈絡， 也澄清某些關鍵性的概念， 例如「存於心中」（ in the
mind)、「相似」(same)，以及神的存在並不是用來論證自然界事
物的間歇性的難題， 反而是自然的事物具有連續存在性， 是明確不
容質疑的，藉此來證明神的存在。藉此可以解決《人類知識原理》第
三節的詮釋上的困難。所以，以《海、菲三談》來詮釋前書是正確
的。

❸ 見《海、菲三談》，第一對話。在本書中以海拉斯和菲利諾斯兩人的
對話來表達他所理解的哲學課題及見解。海拉斯代表「物質主義者」，
至於所指的歷史人物，在《人類知識原理》第11節中所提的是亞里士
多德及其跟從者，持有「原始物質」（materia prima）的概念。
至於當代人物是誰，他就沒有明說。這種概念是巴克萊批評的對象，
爲了要表明他所採取的立場完全相反， 他自稱爲「 非物質主義者 」
（見第三對話）。今日英國學者乾脆用這個名詞來標記巴克萊的哲學，
並做爲書名，見 I. C. Tipton, *Berkeley: The Philosopher of*
Immaterialism (London: Methuen, 1974)。

❹ 笛卡兒:《哲學原理》，第一部第 51、52 節。

❺ 同書，第 60 節。除了實質區別之外，笛卡兒還接受中世紀的另外
兩項區別——「模態區別」（a modal distinction ）與「概念區
別」(a conceptual distinction)，見第 61 及 62 節。這些區
別的種類、特性及用途是中世紀的形上學討論的焦點之一。笛卡兒的

討論，似乎是受到西班牙哲學家及神學家史瓦勒玆（Francisco Suárez, 1548-1617）的影響，參閱他的 *Disputationes Metaphysicae,* 1597 年以兩巨册的方式在 Salamanca 出版，全書共 54 論，第 7 論是「各種區別」，此論的英譯單行本是 *On The Various Kinds of Distinctions,* tr. by Cyril Vollert, S.J., S.T.D. (Milwaukee; Marquettte University Press, 1944)。第 6 論也有英譯本。1960-1964 在馬德里出版該作品的拉丁和西班牙文版本。另外，美國學者 Alan Donagan 指出，笛卡兒在區分本質時，不採取士林哲學中亞里士多德學派的語詞，反而採史瓦勒玆的語詞：「形式的」與「客觀的」。見 A. Donagan *Spinoza* (Chicago: University of Chicago Press, 1988), p. 37.

❻ 參閱 M. D. Wilson, *Descartes* (London: RKP, 1978), 第二章。

❼ 笛卡兒：《沉思錄》，第六沉思，（AT VII: 83; CSM II: 55-56），以及《哲學原理》第二部第 3 及 4 節（AT VIIIA: 41-42; CSM I: 224）。（AT 代表「笛卡兒全集」 *Oeuvres de Descartes,* ed. by Ch. Adam and P. Tannery, revised edition, Paris: Vrin/C.N.R.S 1964-1976。12 卷，VII 指第七卷。CSM 代表英譯本 *The Philosophical Writings of Descartes,* tr. by J. Cottingham, R. Stoothoff, and D. Murdoch, Cambridge: Cambridge University Press, 1985, 2 卷，要替代 1911 年同一出版社所出版的英譯本，由 E.S. Haldane & G. R. T. Ross 所譯，近七十年來後者是英語界的標準本，由於在譯文上依然有許多不清晰，所以許多英譯本一再地出版，但是在數量上沒有比 HR 這一版本來得多。而 CSM 在數量上要稍爲多一些，譯文更清晰，況且是用今日的哲學語言來翻譯，更能被學界所接受。接著在 1991 出版第 3 卷，就是將 Anthony Kenny, 所翻譯的 *Descartes:*

Philosophical Letters, Oxford: Oxford University Press, 1970，全部搜集到裏面，Kenny 所譯的書信將近 100 封，而他們再增譯 106 書信，這些未曾有英譯過。就此三卷，對於英語界研究笛卡兒哲學而言，貢獻非凡，CSM 的譯本將替代 HR。這三卷都有平裝本。

❽ 洛克《人類悟性論》卷二，第二十三章第 1、2 節。今日的標準本算是 *An Essay concerning Human Understanding*, ed. by Peter H. Nidditch (Oxford; clarendon Press, 1975; with correction, 1979)，在本文中將以 *Essay*, II, xxiii,1, 2; pp. 295-296. 代表章節及頁碼。

❾ *Essay*, I, iv, 18, p. 95. 以及 II, xiii, pp. 19-20, p. 175; xxiii, 3, p, 296.

❿ Ibid, sec. 3, pp. 296-297. 洛克跟波義耳都極力批評、駁斥實體型相論，採取微粒論。參閱 Robert Boyle, "The Origin of Forms and Qualities According to Corpuscular Philosophy" (publ. 1666)，收入於 *Selected Philosophical Papers of Robert Boyle*, ed. by M. A. Stewart, (Manchester: Manchester University Press, 1979, pp.1-96。就「實體型相」的概念而言，笛卡兒也不以爲然，見《哲學原理》第四部第 198-201 節（AT VIIIA: 322-5; CSM I: 285-7）。雖然他說他所採用的原則沒有一個不被亞里士多德及各時代的哲人所使用過，但是他不僅排斥實體型相論，也排斥德謨克利特士（Democritus）的原子論，因爲德氏認爲原子不可再分，也認爲有空間包圍著微粒；而笛氏不承認空間的存在，也不認爲微粒有引力。還有其他差異點。見同書，第 202 節（CSM I: 387-288）。其實，笛卡兒不僅在這些理論上跟其他哲人不同，就對亞里士多德哲學的評價上來說，不見得有多高。見《哲學原理·法文版序》（AT IXB: 1-20; CSM I: 179-190）。

⑪ Locke, *Essay*, III,iii, 1, p. 409. 以及 G. Berkeley, *Three Dialogues between Hylas and Philonous,* Dialogue 1。巴克萊還稱之為「普遍接受的格準」(a universally received maxim)。

⑫ 巴克萊認為自然法則有兩大類，一類是自然事物運行的法則，存在於我們所見的物質世界之中；另一類是存在於精神中的法則，是精神實體具有知覺、理性、意志和情感的行為主體，在行為上所需要遵循的法則，這些是我們所謂的道德、倫理法則。我們將這些道德課題和價值論的課題放在第四章。

⑬ Locke, *Essay,* II, v. p. 127.

⑭ 見美國聖功會牧師， 也是金氏學院 (King's College) 校長詹申 (Samuel Johnson, D.D.) 在 1730年 2 月30日致巴克萊書信及巴克萊的回信， 以及牛頓《光學》第28問題。

⑮ 巴克萊指 Joseph Raphson, F.R.S. (死於 1715 或 1716) 所提的理論。見巴克萊致詹申的第二封書信 (1730年 3 月24日) 。

⑯ 參閱 *The Leibniz-Clarke Correspondence,* ed. by H. G. Alexander, (New York: Manchester University Press, 1956)。

⑰ 巴克萊〈導論〉第一節。

⑱ 巴克萊《海、菲三談》。

⑲ 笛卡兒《沉思錄》第二沉思 (AT VII: 30-32; CSM II: 20)。

⑳ 笛卡兒《沉思錄》第三沉思 (AT VII: 37-38; CSM II: 26)。

㉑ 同書，第六沉思 (AT VII: 75-76; CSM II: 52)。

㉒ 笛卡兒在第一沉思中提出這些論證，但是討論觀念時，在第六沉思中又再提醒大家有此困擾，見 AT VII : 76-77; CSM II: 53.。

㉓ 同書，第三沉思 (AT VII: 39; CSM II: 27)。

㉔ Locke, *Essay*, II, xxiii, 12, p. 303.

㉕ 同上。

㉖ 筆者認為笛卡兒對自然的詮釋，並藉此而建立的物理學不跟洛克的完

全相同。笛卡兒在第六沉思中所建立的自然哲學乃是數學化的。認為用數學，尤其是幾何學的方式來詮釋自然世界，這是一種數學化的機械宇宙觀。牛頓及伽利略是屬於這一型態的。洛克是跟波義耳同一型態的，採取化學的方式來了解自然宇宙，從微粒來了解宇宙存在的奧秘，不是強調數學性的詮釋。這是今日洛克學者認為《人類悟性論》不是牛頓物理學的哲學詮釋，反而是波義耳的化學之哲學詮釋。另外，就個人關係而言，洛克尊重牛頓，但是對於波義耳是老朋友的稱呼，直呼其名，也作波義耳的助手一陣子，許多波氏作品都經由洛克出版。直接的證據就是《人類悟性論》本身的理論了。筆者提出這些，就是告訴讀者，詮釋《人類悟性論》的方法之一是波義耳的自然哲學。參閱 Peter Alexander,*Ideas, Qualities and Corpuscles: Locke and Boyle on the External World* (Cambridge: Cambridge University Press, 1985)。

㉗ 《使徒行傳》*17 : 28.*。這是巴克萊所喜愛的經文，在《海、菲三談》就引用兩次，在《亞勒西逢》及某些著作也都引這一段經文。他的哲學可說是在詮釋此經文。其實這經文也是其他人所喜愛的，例如馬爾布蘭莎及牛頓，牛頓以空間當作神的感官，馬爾布蘭莎認為從神來認識事物，這些都是從他們各自的哲學來詮釋這段經文。

㉘ 巴克萊：《視覺新論》，第 147 節。《人類知識原理》，第 44 節。

㉙ Locke, *Essay*, II, ix, *8*, pp. 145-146. 這個問題是在第 2 到第 5 版上。另外，萊布尼芝也從數學的立場來說，這個盲人復明的第一眼應該可以憑藉著角度來了解方與圓。

㉚ 巴克萊：《人類知識原理》，第 107-108 節。

㉛ 巴克萊：《海、菲三談》，第一對話。

㉜ 《視覺新論》，第二節。參閱《人類知識原理》，第42-44節。巴克萊在《視覺新論》第 2 到 7 節的見解是毛利諾的見解，Wm. Molyneux, *New Dioptrics* (London, 1962)。毛利諾說："Distance of itself is not to be perceived. For it is a line (or a length) presented to our eye with its end toward us, which must therefore be only a point, and that is invisible." (p. 113) 引文見 George Berkeley, *Works on Vision*, edited with a commentary by C. M. Turbayne, (Indianapolis: Bobbs-Merrill, the Library of Liberal Arts, 1963) p. 19n.10。

㉝ 《視覺新論》，第 54、62、80-86 節及第二版附錄。巴克萊在《哲學評註》中就注意這一個課題。這課題涉及其他理論，包括現在所探究直接或間接見到的課論。（見第二版附錄及第 82 節）。

㉞ 同書，第 82-86 節。就知覺理論而言，巴克萊是提出一種靜態平面點畫圖型知覺理論。如果以動態的詮釋，這些點是連續不斷地產生，達到某種能量時，才構成意識對象，讓人注意，才產生行動，則有不同見解。

㉟ 我們借用「家族」(family) 一詞來表現「同質性」，因為巴克萊認為五種感官所獲得的觀念都不同性質，不可能將別組觀念同質化。可是用經驗來讓它們做成暫時性的配合。

㊱ 《視覺新論》，第 96 節。

㊲ 《視覺新論》，第 94 節。

㊳ 同書第 97 節。

㊴ 同書第 85 節。

㊵ 同書第 9 節。

㊶ 《海、菲三談》，第一對話。

㊷ 洛克把悟性當作知覺能力，有三種作用：(1)對存於心中觀念的知覺；(2)記號意義的知覺；(3)對觀念間的各種關係的知覺。對(3)的知覺就等於是他所說的「知識」了。（見 *Essay* II, xxi, 5, p. 236. 以及 IV, i, 2. p. 525）其實，巴克萊也常使用「悟性」如《人類知識原

理》，第 4,12,27 節。

㊸ 巴克萊《海、菲三談》，第三對話。

㊹ 同書第三對話。(II: 230-231.)

㊺ 洛克說: "All things, that exists, being Particular...(*Essay,* III, iii, 1, p. 409)，巴克萊用菲利諾斯的身份說："But it is a universally received maxim that everything which exists is particular"(《海、菲三談》，第一對話)。

㊻ 巴克萊:《人類知識原理》，第一節。洛克 *Essay,* II, xxiii, 14, p. 305.

㊼ 巴克萊:《海、菲三談》，第三對話，(II: 235)。

㊽ 《人類知識原理》，第 33 節。在因果關係上，巴克萊否定物質是產生觀念的動力因，見第 19 節。

㊾ 巴克萊:《海、菲三談》，第三對話，(II: 245)。

㊿ 巴克萊《人類知識原理》，第 3 節。美國學者哈斯柏士 (John Hospers) 對於現象論的介紹與批評相當值得參考。參閱 *An Introduction to Philosophical Analysis,* 3rd edition, (Englewood Cliff: Prentice-Hall, 1988)，第二章第 5 節。筆者採取哈氏對現象論的見解，但是他在該書中對於巴克萊觀念論的介紹與批評，筆者不敢苟同。

(51) 巴克萊:《海、菲三談》，第三對話。

(52) 洛克: *Essay,* II, iii, 9, pp. 134-135.

(53) 笛卡兒用火來燒蜜臘，臘從固體變成液體，在這些變化中，許多性質都在改變，有的消失有的新生，而唯一不改變的是擴延性 (extension)。這是物體中唯一被知覺的，至於形狀、運動與大小等性質，那是擴延的產生的模式。見 AT VII: 30-31.

(54) John Locke, *Essay,* II, viii, 10, p. 135; IV, iii, 13, p. 545.

(55) Ibid. II, vii, 21, p. 139.

(56) Ibid. II, xxiii, 9, p. 300.

(57) 巴克萊:《視覺新論》,第 147 節。

(58) 同書,第 109 節。

(59) 巴克萊:《人類知識原理》,第 12 節。參閱 *Siris,* sec. 288 (V: 134)。

(60) 巴克萊:《人類知識原理》,第 49 節。

(61) 參閱同書第 25 和 50 節。

(62) 同書,第 29 節。

(63) 同書,第 30 節。

(64) 同書,第 89 節以及《海、菲三談》,第三對話,《論運動》第 21 節。

(65) 巴克萊:《人類知識原理》,第 140 節。

(66) 《海、菲三談》,第三對話。

(67) 巴克萊,*Siris,* sec. 346 (V: 156)。

(68) 巴克萊:《哲學評註》,第 580,581 條 (I: 72)。

(69) 巴克萊:《人類知識原理》,第 27 及 89 節 (II: 52; 79) 以及《海、菲三談》,第三對話 (II: 231)。

(70) 這些論點在下一章詳細討論。

(71) 巴克萊:《證道》,第六篇 (VII: 88)。

(72) 巴克萊:《證道》,第七篇<論永生>(VII: 105)。這也是聖保羅的主要見解,從基督的復活來說明人復活的可能性,並且以復活做爲基督教信仰要點。見《哥林多前書》 *15*: 13-14.

(73) 關於先天觀念的討論,當代文章也不少,但是下面這一本文集是值得一讀的: *Innate Ideas,* ed. by S. P. Stich, (Berkeley: University of California Press, 1975)

(74) John Locke, *Essay,* II, i, 4, p. 105. 這個見解似乎跟他在《政府二論》矛盾。他說:"For the desire, strong desire of

preserving his Life and Being having been Planted in him, as a Principle of Action by God himself, Reason, which was the Voice of God in him, could not but teach him and assure him, that pursuing that natural inclination he had to preserve his Being, ...," (*Two Treatises of Government*, ed. by P. Laslett, Cambridge: Cambridge University Press, 1988. I: 86, p. 205 & n.) 又說: "... so plain was it write in the hearts of all mankind."(II: 11, p. 274).

⑦⑤ 巴克萊: 《絕對服從》，第 12 節 (VI: 23)。

⑦⑥ 巴克萊: 《亞勒西逢》，第一對話第 14 節 (III: 55-58)。

⑦⑦ 巴克萊: 《存在鏈》，第 309 節 (V: 142)。

⑦⑧ 同書，第 308 節 (V: 142)。

⑦⑨ 同書，第 330 節 (V: 150)。

⑧⓪ 用「道德善」一詞，乃源自洛克《人類悟性論》，在下章詳加討論。

⑧① Jonathan Bennett, *Locke, Berkeley, Hume: Central Themes* (Oxford: Clarendon, 1971), Chapter VII, pp. 165-198.

⑧② 巴克萊: 《海、菲三談》，第三對話。

⑧③ 見⑧①, p. 169。

⑧④ 巴克萊: 《存在鏈》，第 289 節 (V: 134-135)。

⑧⑤ 《人類知識原理》，第 156 節 (II: 113)。

⑧⑥ 《存在鏈》，第 262 節 (V: 124)。

⑧⑦ 巴克萊: 《絕對服從》，第 27節 (VI: 32)。

⑧⑥ 巴克萊: 《人類知識原理》，第 152 節 (II: 111)。 參閱《聖經·創世紀》第一章。

⑧⑨ 如果巴克萊可以證明死的人是得到更好的待遇，則這種死亡就不是一種惡，反而是解脫。

⑨ 巴克萊，《存在鏈》，第 302 節（V: 140）以及第 367 節（V: 164）。

㉗ 同書第 330 節（V: pp. 150）。

㉘ 巴克萊，《亞勒西逢》，第 5 對話第 5 節（(II: 178)。

㉙ 如果報賞在來世，那麼來世的幸福要先讓受訓者知道或先品嚐。否則
有空頭支票之虞。如此，則在教育上沒有多少效果，反而是訓練做
投機和賭博的事。如果今生就潦倒的人，反正不會比這個今生更糟的
了，就會死心踏地，好好地接受訓練。

第四章 道　德

一、前　言

　　雖然巴克萊在知識論方面的著作深受後代學者的重視，而且作品也相對地多於其他方面的討論，但是巴克萊本人不將知識論當作哲學討論的重點，只是將它當作一種像洛克所說的「清道夫的工作」❶。它的任務是將人生幸福之道上的「垃圾」除掉，如果沒有達成這個任務的話，那麼所做的事都是徒勞無功。但是要達成此「真正的幸福人生」，他認為就需要認識那一位創造宇宙之神，因為祂不僅能夠給予人類一切的賞罰，更能主宰人類的命運。但是祂是一位全智全能全善的真神，人類都是祂所造的，祂對人類無所需求，公平地對待所有的人，因此人類若要在來世漫長的生命裏得到神無止境的寵愛和賞賜，就需要了解自己的義務，改變自己的本性，去除「原罪」而成為完善的人，跟眾天使共同進入天國，享受神的賞賜。他說：

　　「在我們的研究中，最要緊的是考究上帝和我們的職責，
　　也是本書的主旨與目的，透過它來激發讀者對於神的臨在

產生虔誠之心，指出學究們所從事無效益之玄思是虛僞無

實，使之對於福音書中至理遵崇實踐，此乃人性之至善。

如未能達此目標，則所做的這一切，徒勞與枉然。」❷

（《人類知識原理》，第 156 節）

巴克萊在開始寫作之時就設計一部具有三部門的哲學鉅著，
這三部門就是：知識原理、道德哲學和自然哲學。他出版了這鉅
著的〈導論〉和《人類知識原理》，並且在《人類知識原理》之
前註明「第一部」（Part I）。也已經寫了第二部，即是「道德哲
學」，可是在歐陸之旅途中遺失稿件，又沒有興趣將相同的東西
重新寫過。因此，這一整盤計劃就報銷了。其實巴克萊的許多道
德哲學思想跟其他部門相結合，我們也可從這些作品中看到其全
貌。就下列四方面來討究：

1. 宗教信仰與道德哲學的關係；

2. 德性倫理學與倫理教育；

3. 至善與道德價值；

4. 道德規則與規則倫理學。

二、宗教信仰與道德

宗教信仰是人類生命投向未來的行動原則以及產生行動的力
量。對於巴克萊而言，宗教具有激情的成份，而且它們是最主要
的成份。但他認爲宗教信仰本身需要由理性來引導才不致於變成
盲目的行爲原則，因爲信仰不是只停留在心中的概念，它也不是

只用口來表達的行為，信仰是透過行為來表達所相信的「眞理」，用行為去創造信仰的眞實性。信仰是由人類對於宇宙存有的認識，透過人類的經驗所塑造而成的生命之「地圖」。這一幅地圖將是行為的指導，具有「規範性」，但是這種規範性要由今生今世的經驗來詮釋、驗證或修正。巴克萊就在英國國教的傳統中，重新詮釋基督教信仰，用信仰來指導行為，建構道德體系。

就巴克萊的生平和思想形成過程而言，他的宗教信仰是先於哲學的沉思，從他的環境中接受信仰，並且從閱讀洛克的《人類悟性論》來獲得「宗教與道德關係」之線索，將哲學用作宗教信仰的詮釋工具，甚至於所探取的道德理論，大部份可以在洛克的作品中找到證據，可是巴克萊將這些立論更進一步地推衍和運用。無怪乎洛克作品的注釋者佛雷色 (Alexander Fraser) 會使用巴克萊的哲學去注解洛克的《人類悟性論》❸。不過我們在討論巴克萊的道德哲學時，有時候不妨引用洛克來顯示巴克萊的立論，這不僅具有歷史傳承的旨趣，更能彰顯巴氏立論。

巴克萊的一生中沒有改變宗教信仰，從早年就對基督信仰執著，在作品中，顯示信仰的重要性，《人類知識原理》的副標就明確指出：「探究科學上困難及錯誤的主因以及懷疑論、無神論與非宗教之基礎❹。」到中年之後就去當了克隆茵主教。對於言行一致者的道德理論而言，我們更應該從宗教信仰本身去理解該理論了❺。

道德理論本身的主要效用就是指導行為，這跟宗教信仰的作用重疊，於是做行為抉擇時，抉擇的理由或立據是由宗教信仰來提供。哲學是為信仰做合理的分析與詮釋。譬如，巴克萊與洛克都是認為有來生，來生的幸福才是眞正的「至善」，現世的感性

快樂是激發人的行動之主因， 但其價值遠不如來生的幸福。 另外，巴克萊也採取「原罪」的立場， 認為人在現世鍛鍊道德品格，嚴循上帝的命諭， 就是道德律，嚴守道德律的人才是神所喜悅的，比其他人更值得神的賞賜，神將永生賜給他；反之，將受到嚴重的懲罰。這種獎懲理論是宗教的本質。巴克萊從這種立場來建立一種「基督教道德哲學。」

　　基督教道德哲學是預設了基督教信仰，沒有這種信仰的話，就很困難接受它。巴克萊當然明白這一點。雖然當時的英國是基督教文化的社會，而且他隸屬英國國教的基督教，就是今日的聖公會。可是當時的「自由思想者」採取理神論或無神論，因此巴克萊需要不停地以哲學做為護教的工具，早期的三部作品（《視覺新論》、《人類知識原理》和《海、菲三談》）都具有護教性，當然最著名的是中期作品中的《亞勒西逢》（*Alciprhon*），也深受當時讀者所接受。不過我們在此不去探究巴克萊如何為他的英國國教信仰做辯護，直接肯定這種信仰，如果沒有這種信仰，也需要理解這道德理論；到底它要說些什麼？其真實性、可實踐性何在❻？哲學理論的普世性不應該受個別的信仰所限制，我想大家對於這種普遍性真理是有興趣的，也是本文的目標之一。

　　巴克萊跟洛克一樣，認為倫理學是一門嚴格的學問，是從道德原則演繹出來的知識體系。洛克在《人類悟性論》中指出，自然哲學採取觀察與實驗的方式對於物質實體作探究，漸漸地去了解物體的性質，人類的官能未能貫穿物體內部組織，了解它的實在本質，因此對於自然哲學採取保守的看法，他說：「自然哲學不能夠做為科學。」（*Essay*, IV, xii, 10; p. 645）但是我們能夠發現神的存在以及對我們自己的認識，讓我們充分明確地發現

我們的職責及關懷。也就是說，這類知識是我們能力所及的知識領域，又是終極關懷之所在，於是他說：「因此，我想我可以下結論：道德是正牌的科學，全體人類的事務，（人是關懷著且適合去探尋他們的至善）。」(*Essay*, IV, xii, 11; p. 646) 洛克指出：

> 「道德跟數學一樣是可以論證的學問，由於倫理學的觀念都是實在本質，而且它們之間的連結及一致性都是可發現的，……我不懷疑，只要採取正確的方法，道德〔命題〕具有明晰性，對於具有思考性的人而言，大部份的命題只要對他證明，都比數學命題的真理更無質疑。」❼ (*Essay*, xii, 8, pp. 643-644)

這適切的方法就是找尋道德原則，從這些原則去演繹整個倫理學體系❽。

巴克萊從洛克接受道德原則就是上帝的存在與自我知識中的人之自由。在最早期的哲學筆記中寫著：「道德的兩大原則：神的存在與人的自由。在第二部的開頭討論它們❾。」(《哲學評註》，第 508 條) 第二部就是他所計劃的哲學體系的第二部，也是他所遺失稿件道德哲學的部份，我們就這兩大原則來討論：

(一)第一條原則 ── 神的存在

洛克的神是存有的創造者，人類的幸福都是操在祂的手中，祂的旨意和命令可為人所識，祂的法則不可違背，人的德性就是顯現在於是否遵循法則，遵循法則的行為就是「道德的善」(a moral good)，神最有能力和資格實施賞罰，人類的命運──

「幸福或悽慘」，完全掌握在神的手中，就是「順天者昌，逆天者亡」❿。

巴克萊就是採取這種立場，他最明確的陳述是在於《絕對服從》一書之中。巴克萊把至善與道德法則都建立在神的存在上，神的獎賞是人類幸福之所在，應該尋求祂的賞賜，除非人類無知，無法忍受目前的痛苦或不適，無法對於未來的幸福跟目前東西做正確的認識、比較，如此就無法做正確的抉擇，而會做出錯誤的判斷。

基本上這是一種倫理主智主義的立場，認為理性可以控制盲目、衝動的激情，如果沒有能力控制，也要訓練、教導，使之成為真正「理性的動物」。否則人類的行為就不具有「道德意義」。

要具有道德意義的話，道德行為主體 (moral agent) 應該知道他在做些什麼？這個行為具有何種意義？包括他的行為所涉及的影響範圍或結果。又他是不是具有自主性地去做決定，如果他沒有能力做抉擇的話，獎懲是沒有意義的。譬如，一個嬰兒不懂事，將瓦斯打開了造成傷亡，他不應該受到任何道德的懲罰。那麼，人所做所為都是出自於外物的衝擊，就像網球，只要網球拍如何打擊它，它只有往那個方向移動的話❶，人要不要對他的行為負責任呢？只有必然性、反射性的動作，沒有「自由意志」的話，這種行為沒有「道德意義」，行為者可以不負道德責任。

巴克萊當然會理解道德責任的重要性。如果相信「原罪」，認為人的今生肉體本性具有低劣性的話，那麼意志會有自由嗎？聖保羅是一位典範性的基督徒，但是他也無奈地說：

> 「我也知道，在我裏面，就是在我的本性裏面，是沒有良

善的。因為我雖然有行善的願望，却沒有行善的能力。我
所願意的善，我不去做；我所不願意的惡，我反而去做。
如果我做了我不願意做的，就表示這不是我做的，而是那
在我裏面的罪做的。」(《羅馬書》7: 18-20)

接受「原罪」的理念是不是也要放棄道德責任性，認為那是我裏
面的罪做的呢⓬？

　　相反地，巴克萊採取日常經驗的立場，認為人有自由，人是
具有自主性的，因為人的靈魂本身是「主動的」(active)，觀
念是「被動的」(passive)，這兩類存在是完全不同的，這是
《人類知識原理》所楬櫫的重點之一。人本身的意志是可以超越
物質的衝擊，不是沒有選擇性的「運動」。他認為人是有自由的，
他不接受洛克及當時自由思想者的「意志論」。

(二)第二條原則 ── 人的自由

　　洛克採取決定論（determinism）的立場，認為凡事都有
因，物體的運動由先前的因所引發，人的行為也是由前因所引發
的。人是由肉體和靈魂兩者結合而成的，靈魂就是那個人的心
靈。心靈有兩種能力，一者為悟性，另一者為意志 (will) ⓭。
就以悟性而言，悟性的對象是觀念，觀念分為簡單與複合兩類，
簡單觀念是心靈接受外在存有的作用而產生的，悟性本身完全是
在被動的狀態之下接受這些簡單觀念，不能自己創造或產生某些
簡單觀念，但是可以用這些簡單觀念來產生無數的複合觀念。所
以複合觀念的存在也不是無緣無故的存在。

　　至於「意志」，乃是心靈對於某個案從考量該觀念而選擇要
不要去做，這種能力本身就是「意志」。但是將這種能力實際使

用去指導個別特定的行爲時，這叫「意志作用」(volition) ⑭。
因爲「意志」是指「能力」，所以不可以問：「意志是不是自由？」
因爲「自由的觀念」(the idea of liberty) 是指謂著行爲者有
「能力」按照心靈的思慮決定要不要做某種行爲，如果不是透過
「意志作用」，就是指行爲者沒有能力去產生或不產生行爲的話，
就說他沒有自由⑮。也就是沒有思想、沒有意志作用。沒有意
志，自由就不存在。但是可能有思想、有意志、有意志作用，仍
然無自由。他的意思是：「自由不屬於意志作用或選擇的觀念，
而是指人能夠按照心靈的抉擇或指導去做的能力。我們的自由觀
念僅止於這種能力。」(*Essay*, II, xxi, 9; p. 238) 既然如此，
洛克認爲「自由」只能用於形容行爲主體，而不用於「意志」。
又肯定人是自由的，人有能力去做或不做某些事，譬如，我是正
常人，我有能力站起來或者坐下，如果現在中風，不可能站起
來，只有坐下，在這種狀況下我沒有自由。所以「自由」不跟
「意志」連在一起⑯。

　　當然如果沒有這種「自由」的話，就沒有抉擇的餘地了，只
有受外物的擺佈，道德意義就不能存在於這種沒有自由的行動上
了。人跟其他的物質存有也就沒有差別。換句話說，自由乃是行
爲構成道德意義的基本條件吧!

　　但是要不要去做某件事，這是心靈的意志作用。也就是說行
爲會不會存在乃是由心靈做抉擇，有此抉擇能力就是有意志。洛
克認爲道德行爲本身也有先在的因果系列存在著，心靈不會無緣
無故地做出某種行爲來，要從認識到判斷才做抉擇；認識該事件
所涉及的各種狀況，判斷各種行動可能的結果，然後才做抉擇，
這是一種心理上的過程。這種能力本身不用「自由」或「不自

由」的概念來形容，它也並沒有好壞之分，只能說有沒有這種能力。

至於促使人選擇這個或者那個行動的因素，洛克不認為是行動對象本身的好或壞的性質直接促成的抉擇，真正的因素乃是「某些目前的不適」(some present uneasiness) ❶，它也時常伴隨著某種「慾求」(desire)，而慾求往往被「惡」(evil)所左右，人類都是具有追求「幸福」(happiness) 的慾求，幸福之中不應該滲雜痛苦，需要去除所有的痛苦。也就是說，並不是所有的善都是構成我的幸福的一部份，就不是每個善會時常左右慾求，只要為滿足某種慾求，就會去除某種阻礙，包括中止所意願的某種行動，直到確實審視，知道該善乃是組成真正幸福所必需的，或者是跟幸福相配合一致時，我們才會去追求它。當然，我們這種陳述已經將「判斷」的作用包括價值判斷，判定何者為善或惡，在這種狀況下，意志就沒有選擇的餘地，但是洛克所指的「判斷」乃是一種「事實判斷」，意志仍有選擇的空間，也就是會因目前的某些不適與慾求而左右抉擇的方向。

巴克萊指出當時的自由思想者認為行為抉擇的過程是：首先由「悟性」去理解、考察它，然後「判斷」去命令要不要去做它。判斷的令諭決定意志，意志只有實踐的功能，因此意志沒有自由。因為自由仍是在不受控制下有能力去作抉擇要不要做；很顯然的，意志沒有抉擇的餘地。行為只有必然性，因為悟性不可能改變觀念，胃口 (appetite) 跟對象是一種自然必需性 (a natural necessity) 的關係，我們只有對於食物有胃口，但是金屬不能變成我們的食物，只有某些可吃的東西才是食物。又理性不可能任意從這物推衍到另一物，推理是受自然存有、事務關

連性及推理原則所限制。旣然如此，行爲是出自於另一種型態的必然性吧！沒有意志自由，人就沒有自由。

其實，洛克跟自由思想者的見解並不相同，洛克雖然認定意志在確定方向時，乃經過審愼考察與判斷之後才做成的。但是也並不表示這個行爲主體沒有自由，我們仍然稱他爲自由行動者 (free agent)，因爲眞正的「選擇」是選擇最好的，具有最好的效果的行動，這種「效益原則」(principle of utility) 是理性所產生的原則，如果有足夠正確相關的資訊，選擇那最有效益的行動，沒有其他正當理由可否認這不是抉擇。雖然這種理性抉擇是建立在理性與物性上，只要同時也有能力可以不這麼做的話，他是一個自由的行動主體，這就是我們日常所使用的意義，也認定「自由」的意義就是如此。「自由人」跟「必然性」是沒有矛盾的，就像棋士在下棋時要遵循規則，按照他的「正確判斷」去下他認爲最好的棋，我們仍然認定他是自由的。

然而自由思想者的論點是，價值判斷是受胃口的決定，胃口本身是遵循存在本身的性質，也就是人受自然界的宰制，我能夠超越自然的挾制嗎？不可能，所以他們要問：「我可能意願我所要意願的嗎？」就是說，道德抉擇能力本身就是受自然界的挾制，何況我的胃口呢？我會對於那些讓我吃得有營養又過癮的食物流口水，對於那些又臭又惡的毒物，卽使非常飢餓，也不會對它垂涎三尺的。也就是說理性的抉擇本身是受到非理性方面的挾制，表面上是自由意願，其實一點也不自由，都是由先在因素所決定了。

巴克萊反對這種理論，他從日常經驗的立場作反駁。他認爲這些理論純粹是從形而上學的立場做出抽象的概念推理，忘記現

實存在界人們如何理解及使用「意願」和「負責任」的語詞。如果某人在沒有外力逼迫下跟某女子結婚,因為他愛她到極點,「不得不」結婚, 這種出自於內心的情慾和判斷, 我們依然說他是「自願的」, 是在「自由意志」的意義下做出的決定, 他要負起該行為所引發的後果。如果是在藥物的影響下、或如酗酒,因而無法自拔, 我們不認定那是「自願地」去結婚。也就是在日常生活裏我們對於「行為者」(agent) 這一個詞有它特定的條件和用法。在正常狀況之下, 我們認定他是自由,他所做的「道德抉擇」就要負起責任來。我們講「道德」就是在這一個層面裏來講的。因此, 雖然肚子餓, 非常地需要食物才能維持生命, 但是人也可以拒絕食物, 選擇死亡, 選擇空間猶存。換句話說, 處於一種自然必需性的關係中, 仍然是自由的。巴克萊認為這種日常經驗的自由是道德的原則⓲。

這種理論所採取的辯解是把日常生活當作哲學思考以及意義溝通的基本場所, 把日常的經驗和語言當作最好的證據, 任何抽象的理論都用個例去反駁, 例如用「走路」來反駁意志無自由的見解, 指出「我走路以及走那一個方向, 都是由我自己來做抉擇」,「我能夠意識到我是一個主動性的」,「在我裏面我不能清楚分別判斷和意志的命令」。從這些事實證明我們每個人自己都有自由的抉擇。所以, 形而上、抽離事實地認定無自由, 這是錯誤的。

確實需要將所使用的語言意義澄清, 知道所指的「道德」是放在那一個層次, 而巴克萊要指出來的是自由思想者認定人沒有自由意志, 這是一種「規約定義」(stipulative definition), 只是他們一小羣人自己特別劃定的意義, 他們從純粹形上玄思去否

定道德的可能性，這不能對於一般的羣衆有何助益，何況道德理論乃是一種協助人的工具，將人類從動物性的層面提昇到聖賢的境界❿，這種有效益的學問才是大家所需求的，也是古今聖賢的努力與偉大之處。巴克萊終其一生就是抱著這種濟世救人的態度於學問上，如果從實效觀點而言，這種立論是正確的，何況他的主要目標就是普渡衆生，當然要從日常經驗著手，在這個生活中找尋建構倫理體系，解決行爲上的困擾，提昇人生品質。所以這一條道德原則 —— 人是自由；是「自由的道德主體」（a free moral agent）可接受的原則。但是對它以及前一條的原則，需要了解如何「詮釋」或「運用」。我們就從德性及宗教敎育的層面來看他的德性倫理學（ethics of virtue）❷。

三、德性倫理學與敎育

「自由的道德主體」是能夠使用理性去理解事實和狀況，會判斷行爲的影響及其價值，然後按照效益原則（principle of utility）去抉擇行爲的方向，獲得最大的利益。這是一種理想的人，也是巴克萊的道德哲學中所要求的人，因爲他跟洛克一樣，採取效果論的立場來建構德性倫理學。

效果論是以目的來肯定行爲的價值，一般而言，道德行爲本身有它特殊的價值，但是更重要的是它的結果對人有益處。就是說，行爲本身具有「工具價值」（instrumental value）❷，行爲主體要對於目的的性質有所了解以及品味，知道它是什麼，卽使沒有直接地接觸過，也要接受它，肯定它的價值，另外也需

要知道在可能的範圍內有那些行爲會有什麼效果，然後採取最適宜的行動去獲得目的。就像作文，整個文章的價值是由文句譜成的，文句的好壞不光是文詞本身的典雅，更重要是能不能達成作文者的目標，讓整篇文章表達所要表達的。因此作文者需要受訓練，要懂得如何選擇體裁、文句等等相關的事。對於道德行動主體而言也是如此，對於道德相關的知識和技能都要具備。

　　巴克萊不認爲人一出生就具有足夠的裝備到社會生活，不只是一般性的語言知識和職業性知識，更重要的是道德性的知識以及情感和品味性能力的培養。他不採取「先天觀念」(innate idea) 的立場，但是認爲人有潛在的能力，需要透過後天性的栽培，就像蘋果樹不見得都會生蘋果，要有適當的後天條件，良好的發育，才能結出蘋果來。道德的基本概念就像是蘋果，沒有好好地「栽培」的話，他們不見得會有好的品性，好的行爲。巴克萊認爲這些道德概念是一種「自然概念」(natural notion) ㉒。

　　這種理論是亞里士多德的潛在與顯在理論，同時蘊含著「實體型相」(substantial form) 理論。波義耳與洛克都是不遺餘力地攻擊實體型相論，採取微粒主義的立場去詮釋物質存有，但是人的靈魂是不是一種實體呢？洛克確實地肯定它，並且認爲神所賜予的官能就足夠接受外在事的刺激而產生觀念。巴克萊也是接受精神實體的理論，並且採取「單子」(monad)的語詞來形容精神實體㉓。如果用蘋果的例子來陳述「自然概念」時，具有直述的意義而不光是「類比」而已，那麼他的理論應該具有實體型相論所要蘊含的意義，至少有下列幾項需要討論：

　　1. 人類有某些共同的潛能，經過訓練之後可以發展出來，

並且大家「分享」或「都擁有」這些類的才能。這種見解是日常生活上接受的。所要發展的官能除了肢體運動之外，認知能力、理性、情感、品味能力和道德上的德性。人們對於這些能力只有多寡的區別，沒有性質上的差異。巴克萊甚至於認定人與神都是精神實體，在精神本性上是相通的，也就是說，他採取《聖經》的見解：「上帝說：『我們來創造人類；他們要跟我們相似，跟我們相像。』」（《創世記》1:26）跟神相似，就是在於理性與德性上相似，具有相同的性質，雖然否認神具有感性感覺（sensory sensation），認為神只有理智性（intellectual）認識，但是巴克萊堅決認定理智性認識也能知道感性的內容，例如痛苦或疼痛等，同時認為神的理性跟人的理性同質，只是數量多寡的差別，這一點正是他在《亞勒西逢》所倡言的並批評自由思想者以及他的老師布郎主教（Bishop Peter Browne），所持有神、人異質論的立場，並且在另外一篇公開書信中詳論此點❷。

2. 觀念與概念的相同：既然官能上相同，就知覺而言，雖然巴克萊認為物質都是被動性（inactive）只有精神是主動性，但是感性感覺的產生就是被動性的因素存在於認識的過程之中，他才極力地否認神有感性感覺。而且他也不反對洛克的簡單觀念的理論，進而認為這是造物主賦予人類的共通語言（the universal language of nature）❷。雖然不同意洛克的多項管道可獲得相同的觀念之說法，認為五種不同的官能（視、觸、聽、嗅、味）的對象是完全不同的，它們各組成個別性質的感覺觀念組，這五組在心靈中從經驗裏產生意義性的組合，從看到某一個觀念而聯想到另一組觀念中的某個或某些觀念，例如聽到馬車聲遠遠地傳來，雖然沒有親眼見到，也知道馬車的到來。這就是心靈本

身的主動性功能，在習慣中使兩種或兩種以上不同性質的觀念聯合，這就是心靈實體的特性。

概念 (notion) 不同於感覺觀念，它乃依存於心靈的作用而產生的。卽使如道德原則，巴克萊把它們當作自然概念。他更進一步地說：「自愛是原則中，最普遍又是最深刻地在我們的心上❷。」但它不是一條道德原則，而是致幸福之道上的「盲目原則」❷，巴克萊用「刻在心上」來形容它。他是不是要呼應洛克的見解？我們不得而知，不過，洛克把「自我保存」看作是「寫在人心上」❷。他們都是強調自愛的普遍性，就是預設人性相似，因此，人們能夠經過訓練而有共同的成果，將自愛當作行為的原動力，促使人因利己的因素去做公益性道德行為，所以人可成為有德性的實體。

3. 巴克萊認為，現實存在的人，在理智上往往是昏庸；在意志上是違背意願；在情感上是不穩定❷。因為人是靈魂與肉體結合的，靈魂的各種能力深受肉體的宰制，根本不知道有世界末日的審判，有罪的人，將受到地獄永久的懲罰，至於嚴循上帝命諭的人，將蒙神的恩賜，獲得永恆的幸福。他站在基督教所使用的二元論立場來看這種實存實體，這種實體需要接受訓練才有能力和資格得到這種賞賜。

巴克萊用蝴蝶生涯比喻人的生命歷程❸，蝴蝶的美和自由自在地飛行是具有「高度存在價值」，但它是經歷幼蟲和蛹的階段，幼蟲期每天都是為了生長而不停地吃。可是它終必經歷類似「死亡」的時期，這是蛹的時期，然而這不是死亡，有朝一日，它就變成美麗的蝴蝶。他認為神所造的自然界也是如此，人也將是如此。今日靈肉合一的生命有如幼蟲，死亡猶如蛹的時期。這種

肉體的死亡並不是生命的喪失。有一天，將是成爲復活的新人，享受天國的快樂。因此，今日的世界不是爲了讓人享受而設計的生活環境，而是一個「道德訓練營」❸，不要以它爲存在的最後目的地和最高存在價值的地方，而要在此受訓，成爲德性之人，期待進入永恆的精神界，這才是眞正的目的地。

將世界看成「道德訓練營」，在人生哲學上似乎是可以接受的見解，因爲人生的過程中，幼兒具有什麼「本質」？就是在他的努力和適宜的訓練之下才能獲得的，譬如鋼琴家，不是一生下來就有鋼琴的演奏技術，也不是天生具有的音樂品味力，需要去聽音樂、練習彈琴，在長期的調敎之下，才有可能成爲一流的演奏家，而且在演奏生涯裏，也是需要時時地練習。同樣地，在人生的舞臺上，需要受訓練，才有可能表演得精彩。因此，一面受訓、一面表演，也一面地受考核。

當然，這種見解不能適合所有的案例，也不可能對所有的人給予公平的受訓機會。有許多人可能只是某些受訓者的棋子而已，根本沒有受訓的機會。譬如，在非洲有多少的兒童因饑荒或戰亂而死，況且各時代各地域的戰亂或內鬪根本是無計其數，「眞正的受訓者」可能比開過演奏會的鋼琴家還要少吧!

「受訓」跟目的是互相配合的。但是採取德性訓練論不見得同時要接受來生論，例如儒家的內聖外王論，不見得要把這一個生活世界當作暫時性的「營地」，反而看作人類生存的家園，子子孫孫也都要這一塊唯一的土地，因此可以改變人生哲學，不再是需求來生的幸福作爲最終的目標，可以接受生命的短暫性，以「繼往開來」爲目標，這也不跟「德性訓練論」衝突呀! 也一樣可以開發另一類的義務論。

不過，巴克萊不僅從宗教信仰來提「德性訓練論」，更重要的是為道德行為動機和道德信仰提供宗教性的形上學基礎，這是對現實存在狀況的理解，再做理論的考量而做成的。一個理性的行為主體做抉擇的時候，有許多方式去達成目標的話，到底那一個方式是具有最大效益呢？如果合乎「道德要求」是具有最大的效益的話，則勸人按照這種方式去做，這種勸告應該具有說服力。但是，如果這方式對大眾有益，對我無任何利益的話，對於出力的我為什麼要做這種「傻事」呢？又如果是讓某羣人獲得利益，尤其是為了既得利益者再繼續獲得利益，受壓迫的「無產無權」的受害者繼續生活在水深火熱之中的話，我會按照道德的方式做嗎？（所謂的道德方式，是為了整體最大利益，依道德規則來做。）如果我是既得利益者，我會積極地去鼓吹，認為各個人盡其「本份」，「本來」就是要有人犧牲，如果大家都是統治者，這個社會就不再是「合理的」社會了。如果我是受害的犧牲者，我會質疑，為什麼要我犧牲呢？為什麼不是別人呢？而且更重要的是，犧牲了小我，難道就能夠完成大我嗎？道德信仰的基礎在那裏呢？如果沒有，何必做此無謂的犧牲，不是嗎？

沒有基督教信仰的人可能從其他的觀點去回答這些問題。不過，巴克萊堅持著自愛是一條普遍的行為原則，而且是最具有動力的原則，人們都會直接或間接地為自愛去做，況且這是使德性成為可能的先決條件。在不懂得什麼是德性？道德原則？甚至於科學知識是什麼的時候，就是為了要保存自我，提高自我的生活品質，才發展德性，追求各種生存的知識，發揮生命的智慧。

既然，人類和其他動物一樣都擁有自愛、自我保存的本能，

但是人的官能遠超過其他動物，如果讓他們自然地發展的話，並
不能得到所期待的德性。雖然巴克萊使用蘋果的例子來描述人對
於概念的自然成長，也沒有聽過孟子的「四端說」，他認為放縱
人類，盡其發展「本性」，就會讓人類社會得不到真正的和諧，
因為沒有適當的訓練而破壞整個社會。他指出：

> 「在激情與理性上，人是個難以馴服的動物；激情驅使他
> 去做大惡，理性則提供作惡的工具。要馴服他，使之就序
> 的話，需於德與正義感習之，以恐懼使他懸崖勒馬，以盼
> 望鼓勵他、實踐職責。簡而言之，塑造人以適合社會，乃
> 政府及宗教組織的目標，也是歷代賢智之士所力求的。最
> 適宜達成此目標的方法，就是正確的教育。」[32]

教育的內容和方式都是教育理論的重要課題。巴克萊把德性教育
放進公民教育的脈絡來談，這種見解是可以接受的，但是他又堅
決認定，要使這種教育達成目的的話，宗教教育，特別指基督教
信仰的宗教教育是不可避免的，相信是最有效的方式，也因為它
是最有效的方式，所以是正確的教育。

　　就教育心理學而言，訓練一個人為善，做出利益公眾的事
來，就需要給予相關的知識內容和才能的訓練，尤其對才能的要
求標準，不是只要會做，而且需要養成習慣性、主動性地去做，
才有用。但是要促使這種教育得到效果的話，需要讓受訓者做得
心安理得，且使其認定這是一條成功的捷徑，不得不這麼做。也
就是說，雖然人不是全智，但是，也不會全是白癡，如果是白癡
的話，訓練也沒有多大作用，他們需要一個讓他相信按照教育課

程去做，是有效的，這個信仰的基礎在那裏呢？

首先，就教育的方式而言，因爲人類有普遍的自愛原則，人性的高尚品格無法自然產生，需要使用獎、懲的方式來教育。

巴克萊不僅沒有在德性位階上把人排在動物之冠，反而是看成「怪獸」(monster)❸。他知道當時有人提出「高尚的野蠻人」(noble savage) 的理念❹，尊敬野蠻人，認爲野蠻人沒有偏見，有德性，沒有「文明社會的污染」，不做文明社會中的各種邪惡，例如奢侈、野心等等，有相對應的德性存在。但是巴克萊不以爲然，認爲野蠻人不是天眞無邪，而是無知，沒有機會和技巧去做這一類的邪惡事吧！如果給他們有犯罪的機會，不犯罪才怪，甚至於「惡事不斷」。他的意思是，人是怪獸，野蠻的人是嗜好殘酷的怪獸。馴獸的「正確方法」是獎懲。他說：「獎、懲對人最具有舉足輕重性，過去、現在和未來都是如此。這兩項都是宗教最著重的❺。」採用獎懲的方法來實施德性教育是不是恰當？在一般教育上是不可厚非的，因爲禽獸由獎懲學習技能，如猴子、大象都學會某些特別技巧，而且小孩子由於老師的獎勵，努力學習。如果德性教育也是如此，會不會造成一種「急功好利」的品性呢？如果養成急功好利的品性的話，不僅許多道德哲學家包括孟子等等，不會稱讚它，巴克萊也一樣，是不會要這種性格爲道德德性之一。

獎懲是理性辨認價值的方式，人類之所以稱爲「理性的動物」，順從理性，認爲行爲要具有效果性，要採取最大效益原則，如果捨棄最大效益的事不做，就需要有足夠份量的理由，否則是一個「不可理喩的人」。而所謂的「急功好利」所批評的，並不是效益原則，而是指爲了某種利益，忽視手段本身也有它固有的

價值，然而，往往這種價值凌駕所要取得的對象本身的價值，以及這手段本身的價值是大家公認的，而行爲者否定它。或者急功好利所意謂的是蔑視某種高超的道德價值，只求物質性報酬，這種報酬根本不能當作至善，這兩種情形都不是效益主義者所願意接受的。所以，本質上採取最大效益原則，要求認淸眞正價值之所在，跟獎懲的方式是可共存的。那麼，獎、懲方式還是一個正確的道德敎育的方式。

獎懲要有效的話，需要另外兩條件配合：

1. 獎懲的東西對於被獎懲者具有意義，意義性越大，效果越好。意義性是跟他的性質、需求和狀況相關。人類共同所需求的，則是越基本的東西越具有普遍性。雖然我們不一定採納美國心理學家馬斯羅（Abraham Maslow）的價值階級排列順序，但是，我們可以肯定的是，如果自愛是一個普遍原則，洛克認爲自我保持是「刻在心上的」，對大衆而言，最需要的東西就應該是生命的延續了。我們把生命當作「無價之寶」，不是物質所能對換的。當然，有了生命之後，就是要求幸福，能夠獲得幸福的話，這種生命才變成有價值，反之，生活在悲慘、懲罰的狀態下，這種生命是不值得羡慕的。巴克萊認爲在來生所獲得獎賞或懲罰是對人最有意義，人們最應該介意的，因爲那兒的賞賜才是眞正的至善。這一點，我們就留在下一節討論。

2. 獎懲是「公平的」。亂世用重典，這是許多執政者以爲只要刑法重，人民就不敢爲非做歹，其實不然，如果執法不嚴，獎懲制度就喪失效力。在道德上，我們一般人強調，天理昭彰，天網恢恢，疏而不漏。但是在現實的世界裏，如果把今世當作唯一的世界，難道所謂的善人，眞的是善有善報嗎？不見得，往往

是沒好報，不只是賠錢，更是賠上自己的生命及家族的生命。相反地，惡有惡報嗎？許多做盡壞事的人，不僅沒有得到應有的懲罰，反而享盡世間的榮華富貴，到處都是樹立著他們的銅像。當然，有的人說，那是時刻未到，不是沒報，譬如七十多年後，列寧的銅像一座座搞下來。如果用這種不定期限的標準，世上那有什麼報賞標準呢？豈不是更混亂，不僅壞人的後代死得很慘，許多好人的後代不是也死得很慘嗎？如果以永恆的觀點來看，一切的獎懲都不具意義，譬如說，有一天，可能整個太陽系都要死亡，那又有什麼好談的呢？

巴克萊認為，獎懲要有意義的話，就是在來生，神有能力有意願給予公平的報賞或懲罰，那些在今生沒有得到善報的，神將擦掉他的一切眼淚，給予真正的幸福。在今世做壞事的，神有足夠力量去懲罰他們，能知道一切的行為，也有善意去維持公平。因此，他強調今生不要太計較其報酬，要把它看成「訓練營」的緣故。從這種立場，他認為基督教信仰是公民教育的必要因素，就是成為此教育理論的形上學基礎了。

德性教育的項目，就是配合教育的目標。在道德生活中，需要超脫感性生活的牽制，去認識事物的本質，了解道德律，能夠嚴格遵循它們，並且能夠發揮理性，品嚐睿智界的幸福。從這些目標而言，巴克萊雖然沒有明確地指出它們，不過就中世紀的傳承而言，這些項目應該包括古希臘所強調的四項 —— 智慧、勇敢、謹慎和正義。另外加上《哥林多前書》第一十三章所說的「信、望、愛」。

這些德性項目是不是足夠？就要看他對於道德生活的要求而定了，只有單獨提倡德性教育是不完備的，固然人類有許多潛能

可以發展，也需要發展，但是人生的時間、精力、環境和價值都是促使人類去選擇某些才能或德性。當然，這些才能是否會互相牴觸，不能並存，那就需要注意。不過對於德性倫理學而言，這七項是必備的，眞正要花費時間去考察的是，什麼才是人類所追求眞正最終又最好的目標？爲什麼道德行爲是獲得該目標的最好方法？什麼是道德行爲？又什麼是道德律？這些討論應該比起德性論更爲重要，因此，讓我們轉移到這些課題上，首先探究至善的概念。

四、至善──眞正的幸福

行爲的目的是獲得「善」，「善」對人是「有益的」。但是能夠獲得某種「善」的行動，不因爲它能達成目的，就說它是「道德的善」(a moral good)。這是巴克萊和洛克所共有的另一類型的效果論，要陳述這種理論就需要說明「道德的善」以及不具有道德意味的善 (the good)。我們就用洛克在《人類悟性論》的話來說明。

洛克把「善或惡」(good or evil) 跟「道德的善與惡」(moral good or evil) 做區別。他說：

> 「善與惡……僅僅是快樂或痛苦，或者使我們產生或獲得快樂或痛苦。至於道德的善與惡，僅指我們自主性的行爲是否跟具有意志與能力的立法者所立定的法則相配合一致，藉此將善或惡給予我們。所謂『賞罰』就是按照遵循

或違背該法則而得的善與惡、快樂或痛苦。」(*Essay*, II, xxvii, 5, p.351)

道德法則是神的旨意，祂有能力去執行這些法則，洛克稱遵循神所制訂的法則為「道德的善」，反之，就是「道德的惡」，這是指行為的性質。神把快樂給予有道德的善之人，所賜予的就稱之為「善」(good)；而痛苦就叫做「惡」。「道德的善」指行為跟道德法則的關係，具有道德的意義。至於目的的「快樂」就不具有這種道德意義。巴克萊也採用這種語言用法。

至於何謂「善」？在上面引文裏，洛克似乎把肉體或心靈主觀性的快樂跟產生這種感覺時的對象兩者都看成「善」，事實上，他說：

> 「唯有涉及快樂和痛苦時，事物才有善或惡。所謂『善』：能夠產生或增加快樂或者減少痛苦，或者獲得、保持其他的善或去除任何的惡。相反地，會產生或增加痛苦或減少快樂，或者讓我們得到惡、失去善，我們就稱之為『惡』。至於我所說的，是一般人所區別肉體或心靈上的快樂與痛苦；其實它們只是心靈差異的組織，有時候是由肉體的失調所引起，有時候則由心靈的思想所引起的。」(*Essay*, II, xx, 2, p.229)

快樂和痛苦都是洛克所說的「簡單觀念」(simple idea)，由感官和反省所獲得的，它的對象是真實的存有，心靈對它是被動的。所以「快樂和痛苦」雖然跟認知主體相關，但不是任意、不定的

關係，心靈不可能主動性地生產簡單觀念。因此當我們說某物能夠產生快樂，稱該物爲「善」，是因爲該物擁有讓我們產生快樂的「能力」。巴克萊也從這種立場來用「善、惡」之詞。

巴克萊在早期的作品中，例如在《哲學評註》，似乎完全接受洛克的見解，把人類所追求的感性的快樂當作至善(summum bonum)。他寫著：「道德：感性快樂是至善，是道德的大原則，一旦被正確地理解，所有的理論甚至於福音書中最困難的，可清楚地被證明。」(PC entry 769, I: 93) 在另一段裏，他寫著：「道德：一位智者認爲當作快樂的感性快樂是善、可渴求的。如果是可蔑視的，它就不是當作快樂的，而是作爲痛苦或引起痛苦之因、或者使喪失更大快樂的事物。」(PC. entry 773, I: 93) 這兩段都是巴克萊在遺失的《道德哲學》一書中去採取的論題。

巴克萊似乎把感性快樂當作快樂，不只是善，而且是「至善」，當作道德的大原則。那麼把它看作洛克的某一部份道德理論，那是正確的，因爲洛克認爲一般的人都是追求著肉體感性的快樂，這種快樂會影響心靈，使心靈得到快樂。因爲今生今世靈、肉結成一體，感性的快樂和心靈所感受的快樂混合。那麼這些快樂就是成爲行爲的最後目的了，於是不再問：「爲什麼要獲得這些快樂？」因爲我們就是爲了得到快樂，沒想要其他的目的了。

然而，洛克並不完全以今生今世的肉體快樂爲最有價值的善，他認爲宗教信仰所標示的是來生的永恆幸福，這才是最有價值，是「至善」。那麼對於具有堅強宗教信仰的年輕巴克萊會不懂這一點嗎？

當代學者路斯(Arthur A. Luce)，是「巴克萊全集」的編輯者之一，也是巴氏哲學最佳的辯護者之一，他對上面引文注解

裏指出，不可將巴克萊的快樂主義跟自然主義（naturalism）
混淆，他像巴特勒（Joseph Butler, 1692-1752）賦予感性快樂
重要性，把它看作指向「天國之樂」之指針，而且巴氏的快樂主
義跟希臘伊壁居勒士（Epicurus, 341-270 B.C.）或英國的霍布
士（Thomas Hobbes, 1588-1679）都不相同，不採取自我主義
的立場來看快樂，而是要從可知的快樂品質中，推薦更精純的快
樂。所以對於第 769 條的記載不應該就字面的意義來解釋，他不
是把口腹之樂當作至善，需要將它放在反對抽象快樂觀念的脈絡
中，就是《人類知識原理》第 100 節的脈絡去詮釋。因爲在那一
節中，巴克萊指出，每個人知道什麼是快樂，對象是不是好的，
但是不能抽離這些個別的快樂，而假裝可以建構出抽象的幸福觀
念❸。也就是說，快樂是一種經驗的對象，抽離個別觀念透過心
靈的組合，這種抽象觀念是沒有眞實存在相符應，人們也不可能
了解它是什麼，這是一種知識論的脈絡。

　　就巴克萊的《哲學評註》而言，在上面所引的那兩條，都寫
上 MO.; 就是「道德」的簡寫。在內容上沒有知識論的脈絡，
反而是道德哲學實質內容的義含，要說它是在反抽象觀念的脈絡
裏是很難找到立據的。當然困難的原因就是這些片斷性又沒有連
續性的筆記是我們的依據，我們無法知道巴克萊記載這些話時的
思想脈絡。

　　然而，這種以感性快樂爲至善的理由，可能有下列兩種:

　　1. 巴克萊從未否定今生今世的物質存有對於生活的重要
性，因爲人是靈、肉密合的存有，肉體的痛苦引發心靈的不適，
肉體的快樂也讓心靈得到「幸福」。就以巴克萊一生的努力而言，
他關心人們的教育、政治、經濟和健康等等問題，也立志爲不

認識的百慕達島的居民奉獻他的一生， 當愛爾蘭有流行性疾病時， 沒有錢買藥， 他馬上將所經驗到「最好的藥」——胭脂水推薦給大眾， 知道設立國家銀行會改善居民的生活時， 就不遺餘力地爭取設立「愛爾蘭國家銀行」， 而且一再地爲文鼓吹。 這些文章組合成一本書叫做《詢問者》(*The Querist*)， 在該書的廣告上刊載著：

> 「人的幸福總額應該包含身、心和財物三方面， 我不敢說我的研究在這三方面都有貢獻， 但希望各個人， 各行各業盡其所能， 增進同胞的禮儀、 健康和財富， 這不應該被視爲是錯的或低俗的。」㊲

既然現世的靈、 肉合一生命是需要這種快樂， 巴克萊也沒有理由去否定它， 在價值系列中， 應有其地位。

　　2. 既然， 道德哲學處理的對象就是現世靈、 肉合一的生命， 應該使用他們所能理解的語言去溝通， 不應該用不相干、 不懂的語詞讓大家不知所云， 否則所討論的學問就喪失它的實質意義了。 因此所要做的工作不是去否定感性所能理解的快樂， 而是去編排這些不同快樂的等級， 提出分等級的標準， 讓人們接受這個標準而做出「正確的」價值判斷來， 這種工作對於行爲抉擇而言， 有莫大的幫助。

　　巴克萊認爲現世生命中能夠嚐到的快樂至少有三大類。 他說：

> 「在快樂等級中， 最低的是感性上的愉快， 更高一級的是

具有較濶幅度以及華美的想像之喜悅。但這兩者都比更崇
高的理性快樂遜色，理性發現事物的原因，設計、架構、
連結和均衡，也使心靈看到理智性的美、秩序與真理。」
❸

這三類是感性的快樂、想像的快樂和理性的快樂。

就獲得快樂之管道而言，這三類快樂的管道是完全不同的。
巴克萊在該文章中，從人的生長過程來陳述這三種官能發展的次
序，感覺器官最早發育與使用，小孩透過它們去獲得歡樂。會使
用想像力之後，理性也漸漸地成熟，隨著品嘗理性上所獲得的愉
快。那麼，巴克萊的價值等級排列次序，其實就是肉體生命成長
時，官能成熟的次序。

在日常生活上，也往往有此三等級的排列。但是，我們依然
有許多疑問。因爲這三類的官能各有自己的功能，它們的重要性
或者價值性到底要如何排名次呢？這是不容易確定的。就以功能
而言，五種感覺是獲得五組不同類觀念的管道，就巴克萊本人的
理解，沒有這些觀念的話，想像能力是無用武之地，它不能產生
新的觀念，只能就感官所提供的觀念做運作。而理性也是如此，
是依賴著感官。就依存關係而言，最基本的應該是最重要，不可
以因爲感性是最早被使用，理性是最晚才成熟的官能，就認爲它
是最好的，而最早的就是最差的。

不過，巴克萊卻從另一個觀點來評價，那就是人與禽獸之區
別。他指出，感性的官能是人與禽獸都共有的官能，禽獸靠着感
性官能生活，聽命於感官與肚子。人不是只有這些感官和胃口的
慾求，而且有理性，用理性來判斷事物，建構科學知識。在行動

上就不見得要服從感官的命令，但需要服從理性的判斷，因此而獲得「更崇高」的生活。換句話說，如果感官與理性兩種互相矛盾的命令同時存在，理性命令會使人獲得「更好的」結果。因此理性要比感性來得優越。巴克萊又認為：何況理性是人性中最主要的部份，如果你肯定人要比動物更具有尊嚴的話，理性的價值就是此尊嚴之所在。

如果就這兩者做比較而排名次的話，或許可以接受這種意義的名次。但是人與禽獸之分是在於理性嗎？而且科學的存在也因為理性嗎？巴克萊認為那是想像力 (imagination)，何況詩、歌以及其他藝術創作本身都是靠著想像力。那麼，到底在產生快樂時，何以想像性的快樂會亞於理性的快樂？何以想像力的官能也比理性低一級？在《亞勒西逢》一書中，巴克萊是集中火力攻擊倡導感性快樂的「哲人」——自由思想者，冷嘲熱罵他們不採取理性，不追求更高尚的理性生活，而沉緬酒色之中，使人淪為禽獸，跟往昔聖賢之道，背道而馳。

然而，我們的重點是在於衡量快樂等級之標準。巴克萊就花費許多篇幅在討論這個課題，他是以量化的語言來詮釋品質。一個東西如果能夠讓許多人用、時間性又長，對於使用者無副作用，也不需要花費許多資本就可以得到的，那麼它就比另一個不具有這些特質的東西來得「好」❸。於是使用事物標準去衡量快樂，如果接受這個標準的話，就從這些項目去檢視，這三類的快樂各得到多少分，總分最高的就是最好的，最少分的就是最差的。

巴克萊認為感性的快樂是在長期的痛苦中才能得到瞬息的快樂，而且不可以過份地擁有它們，否則造成身體上的負擔而致死

亡，況且這類快樂只有他一個人才能享受，別人不能分享，能產生此快樂之物，其總儲量是有限的，要是過度使用，別人就沒得用了，因此也對良心有所傷害。例如飲食上的快樂，在沒饑餓之時，也吃不下；在饑餓時，享受美食，確實很過癮，但是一直吃不停的話，會越吃越痛苦，也傷害身體的健康。所吃進去的東西，也不能讓第二者享受。何況要享受這種美食的快樂，就要耗費許多的人力和物力，要有精良烹調技術，時時更換菜單；否則，天天吃山珍海味、滿漢全席，也產生不了飲食的快樂。反過來說，「理性與想像的純粹快樂既不損健康，不浪費財富、也不損傷良心。心靈可以長久享受這些快樂，既不厭倦亦不為多」。（《亞勒西逢》第二對話，第16節；Ⅲ：89）想像的快樂是創造詩、歌、舞蹈及各種藝術，從這些藝術而得到的愉快和喜悅。至於理性的快樂是指智性上的滿足，就是了解事物存在的事理、秩序和真理，心靈因理解而解除困惑，因知識而運用自如，心靈得到最好的發展，這種喜悅是長久和高尚的，它不只是不損害別人，更是利已利人，帶給宇宙存有整體的和諧。

　　巴克萊評定快樂品質的原則是「最大效益原則」，也就是倫理哲學的效益主義（utilitarianism）。這種原則是用量化的語言來表達出來。討論的課題應該是這個原則可否用於評量快樂？那個或那些事物才是最有效益的，人類應該追求的目標？

　　最大效益原則是人類長期經驗與理性的結晶，人類用它來做為評定東西的原則，如果對它有質疑，就是對於理性本身有質疑：「為什麼最大效益是對的？」我們的回答還是，因為理性告訴我們，它是「合理的」，否則是「不可理喻」。所以，既然人類的存在模式是以理性來主導，當然理性就以它所能認識的原則作

爲原則，那麼理性的快樂就居價值的首位。巴克萊既然要評論自由思想者，當然這個原則就是他們都接受的原則，這種批評才具有效果。

排列快樂的等級就是訂定應該追求的事物的名次。這樣不僅可以確定個別行爲的方向，讓人知道到底那些行動才是「對的」，那些是「錯的」，並且知道到底人生整體意義之所在，藉此建立人生哲學。換句話說，從單位化的行爲課題，來完成對整個的生命價值的定位。

整個的生命是包括靈魂與肉體兩部份，在今生，它們是不能分離獨存，於是巴克萊認爲，人的幸福或者善，就是在於雙方的健康，享受快樂❹，當然，也需要排除造成引起兩造痛苦的因素。這種見解不是提高感性快樂的地位，是肯定它的存在價值。可是自由思想者卻把它當作最高的價值，蔑視靈魂的存在，否定理性與想像快樂的價值。巴克萊批評他們，這種價值系列的錯誤，導致人生哲學的困難、宗教信仰的崩潰、社會混亂、國家的不安定等等後果。也就是說，感性快樂在今生行爲抉擇時，是有它的份量存在，只不過是低於其他二者，我們就以人生哲學去說明吧！

如果將最低階的價值——感性快樂——當作至善的話，巴克萊認爲這將使人的尊嚴喪失殆盡，也將降低到禽獸的階層，每天只是追求著飲食男女之樂。這不僅是違背古今聖賢之道，開歷史的倒車，也使得這種人的生命變成荒謬怪誕，喪失人生意義。巴克萊就引用先知耶利米的話來說，這種人變成一個「灌不滿的破瓶子」（《耶利米書》*2*:13），他們不是在尋求快樂，每天只是求得短暫地解除痛苦，就像《聖經》所描述的「撒瑪利亞婦女」，

每天過著打水止渴的生活， 時時地更換丈夫， 就是以外在的東西去塡補生命的空虛，存在於這種生活狀態下，人生是永無解脫❹，人生變成荒謬無意義，就像卡繆 (Albert Camus, 1913-1960) 的《西西佛士神話》中的人物西西佛士，每天過著推石頭上山的生活。這種生活是沒有意義，也沒有解脫的時候，如果有的話，死亡就是最好的解脫，這不是荒謬嗎❷？

從基督教的觀點，巴克萊也認為，最好的解決之道，就是改變存在狀態，讓他知道肉體不是人唯一的部份，現實的世界不是美好的世界，唯有改變自我，使精神自我發展出來。他用宗教語言來說：

> 「就我所知，浮淺短視之徒，對自己之悲慘、罪過及軟弱無知，亦無識於現實世界不適宜使理性靈魂快樂，亦不樂意進入更佳之境，亦不高興發現致彼岸之道 —— 愛神愛人，實踐每一種德性，在此岸做合理的事，尊重事物之價值，勿蹧踏這個世界。此乃基督所要求。……有何雄心比克服這個世界更大？比馴服自己更為明哲？比罪得赦免更令人欣慰之教義？更新低劣本性、近乎神祇、與天使和神之子共為天國國民，有何比此更值得歡欣呢？」（《亞勒西逢》*5:*Ⅲ:178-179)

就這種語言而言，巴克萊心目中的「至善」應該包括下列四項：

1. 克服這一個現實的世界，不是破壞它，乃是不沉淪於這個世界，超越它的桎梏。

2. 克服自我，恢復神、人之間的和諧，讓理性、精神自我統馭自己。此乃罪得赦免。

3. 重新拾回「上帝之形像」，能夠瞭解神的心意，遵循神的命令，爲公益而奉獻一切，就是「君子參贊天地之化育。」不只是不破壞這個世界，反而成爲神的「同工」，使這個世界有美好的明天❹。

4. 成爲天國的公民，居住於天國，此乃眞正永恆的快樂。這種至善論幅度非常地大，從改變現實存在到進入天國、享受天國永恆的快樂；恢復人應有的尊嚴，不再是頑童，只會破壞世界，要變成神的同工，讓世界變成天國。

然而，至善不是任何個人的力量所能達成的；卽使全人類都努力去做，我想也沒辦法達成。把它當作至善，豈不是太不實際嗎?!永遠無法達成的目的，對於行爲主體來說；設定跟沒設定它爲至善，都是相同。這種「至善」也無法影響行爲的抉擇，除非是「愚公」，否則，不會想要將喜馬拉雅山搬移到太平洋，設定爲行動的目標，太不實際了!

巴克萊確實知道這種困難。於是把行爲跟目標之間的必然連結性用宗教信仰來鞏固，認爲「至善的事物」是神的賞賜，行爲本身沒有這麼大的效力去產生至善的。至於神是公平公正的神，爲什麼要將它賞賜給有德者，而不是所有的人? 洛克說：「德性是對神最佳的崇拜。」(*Essay*, I, iii, 18; p.78) 有德者遵循神的命令，神也喜歡遵循命令的人，神的命令就是自然律，包括道德規律。所以有德者會依道德命令而爲，遵循命令的行爲就是「道德上對的行爲」。巴克萊認爲神是公平地論功行賞。至善是神的賞賜❹。因此，需要認識道德律，嚴格遵循，用這種道德行爲來

取得神的喜悅，這也是對神最佳的崇拜。

　　然而，道德規則的重要和意義不僅在神學和宗教信仰有它的特殊意義，更重要的是，在道德哲學、社會及政治哲學的意義更是哲學工作者注視的焦點。巴克萊比康德更早開創一條規則倫理學（ethics of principle）的道路❹。認為一個行為之所以是「對的」（right），不是因為它是導致最大的善，雖然它沒有促成公益，卽是目的，但是因為它是符合道德規則，它就是對的行為；而且道德規則不是參考性的價值，乃具有命令性的特性。我們就詳細地考察這種道德規律，了解巴克萊道德哲學的另一面。

五、道德律與規則倫理學

　　判斷行為的「好、壞」與「對、錯」在日常生活上是一直被混淆的，不僅「好、壞」與「對、錯」不做分辨，連標準也一直是游移不定。讓我們在此先做一個簡單的區別或澄清。

　　在日常生活上，「好」筆是指筆的性能好，它不僅能夠寫，而且寫起來的效果好。「壞」則用來形容相反的性質。至於要寫毛筆字時，如果拿了鉛筆，我們就說：「拿錯了！」「對、錯」是跟所預設的某種標準來做比較的結果。在倫理學討論上，一般而言，效果論者從行為的結果來判定行為的「好、壞」；如果這個行為能夠產生好的結果，就評定它為「好」。也因為它是「好的」，所以進而認定這是「對的」行為。把「對的」意義建立在「好的」實質評價上。

　　另一派的見解是從「對的」意義著手。他們認為道德行為的

「對、錯」跟結果沒有直接的關連，乃是跟他們的「道德義務」相關；如果這個行為是符合這道德義務的要求，就評定它為「對的」行為。否則，就是「錯的」，就像上面的例子，要寫毛筆字時，拿到鉛筆的話，我們稱之為「錯的」。至於「好、壞」的結果，那是額外附加的價值。「對的」行為往往是能夠產生「好的」效果，「對」是優先於「好」。我們姑且稱這一派為「義務論」。

然而，評價都是預設了標準，對於效果論而言，好、壞的標準是「效益原則」。在理論建構上，還有許多不同類型的效果論倫理學。就以跟巴克萊相關的來說，我們需要提出所謂的「行動效益主義」（act-utilitarianism）和「規則效益主義」（rule-utilitarianism）。至於義務論，它的標準是「道德義務」或「道德命令」或「道德律」。我們就從巴克萊的作品來詮釋，到底他採取何種標準來判定行為的對錯呢？

甲．效益論的立場

就如上文所說，巴克萊一直著重理性的計量，人類是追求著快樂，更重要的是追求著「至善」。「善」不僅是人做道德行為的「動機」和「目的」。也是衡量行為的標準。巴克萊說：「效益和真理是不分家的：人類的公益即是道德真理的衡量準則❹。」「道德真理」就是指謂著行為的「對、錯」方面而言。「公益」是目的。在這種詮釋上，巴克萊似乎採取效果論的行為標準。

當代的「行動效益主義」的見解：「道德規則」是從以往的經驗搜集而來，它具有促成最大效益的傾向，但是個別的行動是依個別特殊狀況做抉擇。這些道德規則不見得就適合於所有的脈

絡，道德行爲者 (moral agent) 需要對於這個脈絡、規則和價值有所認識，如果遵循這些規則並不可能達成目的，反而不要遵循才會達到目標的話，就揚棄規則。否則墨守成規，背道而馳，這是一種「理性錯誤」(rational mistake)，成果才是行爲抉擇時的準則，也是對錯的標準❹。

至於規則效益主義，行爲的判準是「道德規則」，不是它所要促成的目的本身。但是「道德規則」的選定乃是以目的爲準。譬如「交通規則」的制訂乃是以交通安全、迅速和經濟爲目的。但是駕車行動的對、錯是以交通規則爲準，符合規則就是對的，否則是錯的。

巴克萊的規則倫理學似乎是「規則效益主義」，不過道德規則是由神來選訂的，行爲是以道德規則爲依歸，這些規則就是道德律、「自然律」(law of nature) 或「神的旨意」(the divine will)。巴克萊說：「因爲法律乃是指導我們行爲的規則，以達成立法者所設定的目的。爲了要認識神的法律，首先應該探究神設計時，要我們去達成的目的❹。」神選訂人類所要遵循的「法律」時，有祂的目的存在。這些法律是表達著立法者的意願，神的法律也是表現著這種特性。如果神的法律就是道德律的話，道德律本身是目的性，遵循它也意謂著行爲可以達成目的。所以就這種宗教信仰脈絡而言，效益與眞理在神的作爲中是不分家的。有的人稱之爲「神學的效益主義」(theological utilitarianism)。

道德律是「自然律」的一種。巴克萊認爲自然律有兩大類❹，這兩類分別屬兩大類的存在❺，就是物質性存有和精神性存有，也就是符應存在原則:「非物質主義原則」──「存在卽是知

覺或被知覺」。這兩類的存有本身都構成一個穩定化、秩序化的體，就晚期的巴克萊而言，他認定這兩類存有是組合成為一個存有鏈，不是兩個互不相關的體。但是要維持這個穩定、秩序，就是一切都是按照規則來運作，其實整個宇宙的運作，都是操縱在神的手掌中，神要不要按照某些規律來運作或管理這個宇宙，對於全智全能的神是無所謂的，但是對於被造物包括人而言，就完全不同了。沒有規律化，人就沒有知識可言，經驗就變成沒有知識價值，人們也不知道到底下一步要如何做，到最後就是死路一條，所做所為只是盲目碰運氣而已，死亡與否都無跡可尋。所以自然律的存在是為了被造物的善，他說：

> 「神是全善，很顯然的祂所要的目的即是善，但是神已享
> 有所有可能的完善，所以目的不是為祂自己而是被造物的
> 善。又人類的道德行為完全在人類裏運作，對於其他層次
> 的智性或理性被造物沒有影響。因此行為所要獲得的目的
> 是人的善。」[51]

道德律的目的就是人的善。因此它有「工具價值」而不是「內在價值」。

如果道德律只有工具價值，它所要達成的目的是人類的福祉，那麼它們是不是不可或缺的工具？巴克萊指出：

> 「人類的福祉必需以下列兩種方式之一來達成：第一，不
> 需要嚴循任何確定的道德普遍法則，只需每人在個別的狀
> 況都以公益為依歸，按照他在此時此地認為最能達成目的

去做。或者，第二方式，嚴格遵循某些明確的法則，是按
事物的性質而建構的，如果普遍地實踐，本質上適宜獲得
人類福祉，雖然在個別運用上，有時因意外或人心的詭譎
多端，可能有些大好人蒙受很大的傷害或不幸。」⑫

　　這兩種方式是類似上文所提的「行動效益主義」和「規則效益主
義」。在這兩方式中，巴克萊選擇後者。

　　巴克萊確實知道嚴守法則會有許多困難，就如上面引文所
述，好人蒙受傷害：如果就行為抉擇的過程而言，在某個特殊狀
況中，事先就知道按照規則做的話，會產生不公平不公正的結
果，例如好人受害而壞人享福。況且這也助長惡的滋長，因為好
人都依照道德規則做，不會用武力實質地阻止惡人的為惡，例如
巴克萊所要辯護的——「絕對服從」合法的最高君王，假如君王
是一位暴君，君要臣死，臣不得不死，那麼暴君就肆無忌憚，助
長暴君的蔓延。休謨（David Hume）就批評這種絕對服從的見
解為荒謬，跟人類的自由格格不入，就是違背基本人權⑬。

　　巴克萊提出下列幾項「理由」來為「規則效益主義」做辯護，
這些理由是：

　　1. 人是有限的存有，在有限定的時空脈絡裏無法掌握所有
相關知識，許多隱藏的狀況和未來長遠的行為影響無法知道，因
此即使一般人認為最完善、最聰明的人，也無法做「正確的」判
斷。也就是說，各個脈絡所能見到的，可能都是表面的。如果沒
有正確的資訊，就不能有可靠、正確的判斷，行為就很可能是
「錯的」⑭。

　　從另一方面來看，如果道德律本身跟目的有本質上關連，做

行爲抉擇時只考慮道德律所規範的義務，義務的明確性容易被掌握，判斷就具有確定性❻，又可以省下許多時間。更重要的是，時間在行動中佔非常重要的位子，有些事件根本無法容許太多的時間去做考慮，浪費了時間，可能就是一種最壞的抉擇。換句話說，按照道德律而做的行爲在整體上是比不照它做的要來得正確和方便。

　　2. 如果讓每個人對於各個狀況自做所謂公平無私地認定何者爲公益，沒有確定的標準來判斷各個行爲的好、壞，那麼當兩人做出兩種相反的判斷時，豈不是無法去判定到底誰的是對的、又誰的是錯呢？因爲一國叛國賊可能認爲他的叛變是出自於「義務」，但是別人看來是一種不可寬恕的罪（sin），況且這些個別的義務或規則，也只深藏在那人的心中，我們無法知道，就無法確知他有沒有遵循他自己的規則了❺。換句話說，有的人只認爲出自於「良心」、「良知」的行爲就是對的，只有對自己負起道德責任，認爲只要神知道就好。當然，如果那個行爲沒有造成壞的結果，沒讓別人受害，這種說法還可以接受，一旦造成壞影響，就要負起道德責任。這種道德意義的「好、壞」就有意義，不是嗎？巴克萊的批評：不嚴格遵循道德，就會造成道德判斷上的相對主義。道德判斷應該具有客觀正確性，不容許任意主觀的詮釋。就像駕車，如果沒有交通規則，讓駕駛者任憑其良心判斷去開車，在荒山野外大概沒有問題，在臺北街頭可能馬上車禍頻起，交通大亂。那麼對於造事雙方的行爲評斷就很困難了，雙方都是「對的」，可能永遠沒有「錯的」存在，就是說，「對」喪失其意義了。巴克萊說：「換言之，可想像，將在惡與德、罪與責任產生最可怕的混淆❻。」

3. 行為最終的目標是人類的福祉。它是需要有和諧的生存環境，需要大家有共同一致的步調，同心合力去消除各種惡勢力，而最大的「惡」乃是混亂，唯有在共同遵循原則時，混亂才有可能去除。就如交通的順暢與安全，是在於大家共同嚴守交通規則的前提下才有可能存在。

4. 沒有嚴守道德規則的人，很難顯示他的「高超」道德品格來，因為做事不一致，在我們的經驗之中，我們稱這種人是「急功好利者」。

5. 巴克萊更進一步地認定道德行為本身有它獨特的價值，因為它是嚴循道德律。如果違背它，即使獲得期待的「好效果」，這效果仍然無法為此辯解。就是說，道德行為的「對」是因為合乎道德法則，不因為成果豐碩。他說：

> 「在某些案例中，偽證或違背信仰乃跟國家的自由與公益之條件相違背，却帶給國家很大的利益。同樣地，以通姦來獲得皇位繼承人，使國家不致於落入外人手中而遭滅亡。那麼，任何人會用這些案例的特殊性來免除偽證和通姦之罪嗎？我不認為如此。但已顯示著叛變跟上面兩件相同，實在是違背自然與理性之罪過，無論它的結果如何，都跟它們一樣不能得到辯白。」❸

巴克萊不僅看重上面這三項的道德義務，他在這一段引文注中指出，其他所有的道德義務，都不可以用公益 (public good) 當藉口而違背之。所以，對他而言，所有的道德義務本身有它固有、內在的價值，違背它們就是罪，遵循它們才是「道德的善」

(moral good)。

巴克萊所舉的理由都是爲論證道德律本身的價值以及在我們的道德生活中的功能和意義。當然，面對當時的聽衆和讀者的巴克萊，他的主要目的是勸導他們，要服從最高的執政者，不要反叛，因爲這是道德義務，也是自然律，本是神的命諭，服從政權卽是服從授予權力之神。面對這些陳述，我們需要重新想一想，到底巴克萊的規則倫理學是一種規則效益主義嗎？以往我也如此地詮釋，但是，現在我認爲巴克萊是另一類型的義務論者。當然，使用現成的名詞來歸類，往往會產生誤導，我們需要好好地檢視他本人的理論，瞭解道德律在巴克萊的心目中所扮演的角色和地位。然後再想一想，到底是不是義務論或者是規則效益論。

乙. 義務論與道德律

洛克把人類的行爲法則分成三大類 ⑲；第一類是神的法律 (the divine law)；第二類是公民的法律 (the civil law)；第三類是名譽的法律 (the law of opinion or reputation)。

第一類法律乃神祇所制訂的，就是一種自然法則或道德規則，藉着「自然之光」(the light of nature)，或「啓示之聲」 (the voice of revelation) 而傳達給人類，用以規範其行爲。這種法律是最具有普遍性和效力，無人可倖免⑳。

第二類法律是由國家來制訂和執行，這種法律對於該國及其公民有效，並不是世上所有的人都會去遵循它。如果國民違背這法律，他就是這國的罪犯 (criminal)。可是一個罪犯不見得同時違背第一類的法律，國家執行這種法律以保障人民的生命、

自由和財產，國家也有力量解除違法者的權益。可是公民的法律
會因國因時而異，卽使同一個國家，其法律也往往會更改。其穩
定性遠不如第一類。

第三類的規則是指某種德性與名譽的規則，在名稱上跟第一
類相同，但是這一類法則的適用性可能是某一個社區，有時有好
幾個社會甚至許多國家都採用它。但是所採用的規則數目以及程
度，因地因時而有差異。合乎這種名譽法則時將受到讚揚，反之
臭名滿身。一般人都是對於名譽法則看成第二生命法則，往往對
此法則比較介意。

其實，洛克認爲第一類法則才是最重要且最根本的法則，其
他兩類法則不只是缺乏穩定性和合宜性，在執行上會有不公平的
情形。而第一類的法則是永恆的，最適宜人類的法則，在執行上
是絕無疏漏的，絕對的公平❻。

巴克萊應該是接受這種立論，認定道德律就是自然律，是神
祇的命諭，每個人都應該遵循的。他比洛克進一步地說明這些道
德律的性質以及認識和使用的方式。對於倫理學而言，這些說明
具有非常重要意義，它的精緻性不是洛克的《人類悟性論》所能
相比。

首先就道德律的性質來說。巴克萊認爲道德律是可以使用語
言命題來表達的❻，不是一個單獨的語詞，而且是一種普遍命題
（general proposition），跟幾何學的命題一樣，帶有「不變、
普遍的眞理」（immutable universal truth），它們的眞實性不
是依存於狀況或事件，而是無限制、無例外地在所有的時、空都
是眞的。不因爲某一個狀況是特殊的，所以它就不眞了，就不能
夠使用了。巴克萊提出的比喻是，「不可背叛最高執政者」是一

條不變的行爲原則，這個原則的永恆眞實性就像三角形的面積公式，不因爲某一個地方不是正三角形，「底乘高的一半」仍然是有效的公式。換句話說，這一個面積公式不是由這地方的三角形來證明的，它的普遍性不是由枚舉來證明。他要說的是，這種普遍性是三角形的特性。當然這一個公式是不是適合於這個地方，那就在經驗上去了解這個地方是不是三角形了。道德律跟它的狀況完全相同，整本的《絕對服從》就在分析這見解。

就這一點而言，巴克萊是要發揮洛克所堅持、但沒有證明的主張：「道德是正牌的科學」；「道德跟數學一樣是可以論證的學問❸。」

道德律所表達的是理性人的自主性行動原則，也就是陳述著「義務」(duty) ❹。他認爲這種義務是人人在各種時空都存在的義務。這種義務是神在創造事物時所設定的，就像創造宇宙時就訂定了平面三角形的面積公式那樣，這公式從古代到未來都是一樣，是透過理性去理解而發現的。巴克萊堅決認爲這種道德律是由理性去認識的。他說：「它們是『理性的永恆規則』(eternal rules of reason)，因爲它們必然是從物性而得的，也可由理性正確的演繹給予論證❺。」巴克萊不認爲道德律是由任何人批准或訂定的，包括政治上的最高執政者以及歷代的聖賢，它們唯一的來源就是宇宙的創造者❻。所以，道德律不是依存於任何人的意志或理性，但是人的理性可以去發現它，就像其他的自然律那樣可以從經驗中由理性的運作而認識。

巴克萊把道德律跟物性與神的命諭連結在一起，他要說的是，把道德律當作自然律的時候，它所表達的是事物（卽是人）的存在關係，是「實然的關係」，它跟公益有本質上的聯結，這

種聯結可以由理性去認識，但是它不能轉變為「應然的關係」，不可以當作行為規範原則，唯有神的批准，才變成應然性的道德規則，但是神在設訂法則的時候就將這些行為原則賦予二重的性質，可以由於其實然性去發現它們。

就道德律之知識來源而言，因為道德律是普遍的，也為世人所熟悉，巴克萊就說，「據說」它們是「烙印在心上」、「刻在心版上」，由良心提供的。他並不加予否認也不承認，就這麼一筆帶過。但是他完全認為由理性可以認識它們[67]。

要獲得這種知識，或者說是要肯定所認識的就是那永恆不變的道德律，需設定道德律跟公益有本質上的必然關係，這種預設不只是一種形上學的託付 (a metaphysical committment)，而且是一種宗教信仰，從共同的宗教信仰來奠定形上學的託付性。因此，基督徒的讀者可以不必質疑為什麼道德律跟公益有必然的關係了。換句話說，道德律跟目的有必然關係，這不表示道德律在人類的道德生活中只具有工具價值，可是在認識上，從目的來認識它們是一條可行之道。而且巴克萊更是以道德律具有它獨特的地位，它讓我們的生命本身具有特殊的尊嚴和地位，所以在道德行動中去符合它所規範的「義務」，符合的話，就是「道德的善」(a moral good)。

這種形上學預設著倫理學的「普遍化原則」(principle of universalization)，任何道德原則要具有普遍實踐的性質。假如我有一條行動指導原則，我不知道這一條原則是不是神所設訂的自然律，那麼我們就看一看，如果大家都遵循這條原則的話，世人之公益是否因此而有所增減。巴克萊指出：

「可以承認：在建構自然普遍法則時，必需完全由人類的
公益所引導，不是立足於我們生活中的一般道德行為，乃
從事物的性質去獲得的。如果普遍化實踐的話，必然適合
於增進人類共同的福祉。因此，它是自然律，這是好的推
理。但是，如果以某個行動在某個事件中，於人有益無
害，就認定它是合法的，那就錯了。」❻❽

這就是說，預設神祇訂定法則時，賦予全人類在存有價值上有同
等地位，在本性上大家都可以實踐，也應該實踐。因此，「普遍
化原則」可當作道德律驗證原則，檢視所有的法則是否為「道德
律」，然後做行為抉擇時，只需注意行動是否合乎道德律，不必
考慮各種隱密的環境因素是否存在，而且這道德律的有效性，不
因為某個別狀況所產生的副作用而喪失，道德律的普遍有效性是
永在的。

　　既然，巴克萊的道德理論是，人的行為要以道德律為依歸，
也是行為好壞的依據。道德律不是我們個人主觀的行動準則，乃
是自然律，對自然律我們只有接受，不會因為我的意志或喜好而
有所改變。就像我們不得拒絕萬有引力，不得不按照它來處理自
然事物。「不可殺人！」、「不可姦淫！」，不是我們要不要，只是
不得不遵循它。理由是神如此地塑造存有，普遍實踐就增進全體
的福祉。所以服從道德律就是服從神，人類有「義務」遵循神的
命諭。這只是用宗教語言來表達規則義務論的倫理學吧❻❾！

　　如果是義務論，巴克萊需要解決義務論長存的課題：如果人
類只有一個義務，就每次按照該義務去做。但是人類的義務不只
是一個，往往有許多義務同時並存於一個案件裏，既然它們都是

義務，就應該同時履行，由於時間、精力或物質條件，都促成我們無法同時去完成它，那麼，那個義務具有優先性呢？優先性原則何在？

巴克萊的解決方法是，分別道德律的種類。它們可區分為兩大類——積極道德律與消極道德律❼。

　1. 積極道德律是要求人積極地去做某些事情，例如：「救濟窮人！」「愛護可憐的人！」「孝順父母！」等等。

　2. 消極道德律是禁止某些類的行動。例如、「不可姦淫！」「不可盜竊！」「不可殺人！」「不可做偽證！」

巴克萊認為消極道德律是具有優位性，在任何時間、地點人人都應該遵循它。理由似乎是我們都可做到，才智各因素不足影響。至於積極道德律，它需要有其他額外的因素來配合方有成效。又所做的成果也有程度上的差異，也允許差別的存在。何況真正的至善需要全體的人共同去實踐才有實現的可能。因此，把所有的人所應負擔的義務交給少數人去承擔的話，不僅不公平，也不可能實現。至於消極道德律的實踐，雖然沒有立刻增加公益，可是也沒有減損公益。但是由於禁止某些類的行動，因而產生「行動空間」，沒有行動空間，公益的存在可能性就喪失。所以，比較的結果，消極道德律應該先遵循，積極道德律居次❼。

這種理由蘊含著「應該」是從「能夠」導衍出來的，因為能夠做到，所以應該做。巴克萊設想人人在各種脈絡都能夠實踐消極道德律，因為「不耗費成本」，而不耗費成本的事，對於沒有成本的人而言，也能做，何況有成本的人，更不用說了。所以「應該蘊含著能夠」變成分辨道德律優先順序的原則。至於兩個同類道德律的順位問題，巴克萊似乎沒有詳加討論的必要，因為

消極道德律都能做到。而積極道德律還是可以沿用這一條原則，看看什麼是我們在此有能力做的，沒有能力就免談了。

有的人可能會提出「效益原則」做爲分類優位順序的原則，如果巴克萊採取這條原則的話，就是效益主義者，因爲它將比道德律更基本，可是巴克萊否決這條原則，極力反對採取叛變的方式來處理該特殊狀況，效益不能居先，效益代表著積極道德律，它是有條件性和獎勵性。也就是說，消極道德律本身的義務有如六十分及格性要求，少一分就是不及格，而積極道德律是以一百分做爲典範性的要求，如果能做到一百分，當然是最好，最圓滿的成績了，是第一名沒問題，如果不能滿分，那麼跟滿分越接近越好，這是鼓勵性的要求。對於每個人而言，及格性要求是要介意，至於典範性的要求是要努力。那麼，效益原則用不上，顯然這是義務論的意義❷。

義務論中的另一個難題，就是：「義務或道德律都是普遍性命諭，在各個實際狀況中又將如何實踐？它如何變成一個具體的行爲指導原則？」巴克萊認爲道德是需要在各種狀況中經過詮釋，不是看語詞表面的字義。譬如，「不可殺人!」這一條消極道德律，所規範的義務非常的廣濶，對於執刑者而言，將一個死刑犯處決，算不算「殺人」呢？在機械性行動中，無論用刀，槍或毒藥等等方式，都是殺，但是巴克萊辯稱❸，這條道德律所規範的意義不在於那物質上的連鎖關係，而是「謀殺」(murder)的意義。「謀殺」是什麼？在我們的日常生活中，雖然不是完全明確劃分「謀殺」跟「不是謀殺」，但是在執刑的案例上是很明確的，它不是「謀殺」。如果不是謀殺，就不是違背這條絕對的無上命令。也因此，執法的案子不是這條命令的例外，根本不屬

於這道德律所轄的範圍。

　　因此，行為主體在做行為抉擇時，不是去計量這個道德律在這個案例中會產生多少效果或這些效果是否符合公益，而是需要理解：到底這條道德律所規範的義務是什麼？這個案子是不是符合這條道德律所規範的義務之內？如果不是，就不必使用它，譬如所測量的東西根本不是平面三角形的話，平面三角形的面積公式不是錯，是不適用於此。

　　一般而言，要檢查某一項是不是違反某一規則，這是已經接受了整個規則體系，並且預設該項規則沒有跟其他的規則互相牴觸。要知道有沒有牴觸的話，需要認識其他規則，最好是曉得它們的全部。否則，只知道某項跟其中一規則配合而已，這種知識未免太膚淺吧！如果要知道是否跟某一規則牴觸，需要了解整個事件，到底需要引進多少規則，或者說是多少規則對於這個事件相干，相干的層面有那些，然後才檢視有沒有符合這些規則。

　　巴克萊採取《舊約》的立場也是當時十八世紀的見解，預設了宇宙的和諧，規則已經都訂得齊備了，目前我們所需要的規則，已經留傳於我們日常的生活之中，譬如「十誡」中的後面六誡都是日常生活上的道德規則，巴克萊在《絕對服從》中所引用的幾條消極道德律都是其中的誡律。他既然採取道德律即是自然律的一類，就把我們對另一類的自然律所採取的模式來運用。譬如，我們透過自然科學上的研究，發現了一些「自然律」，我們仍然相信還有其他的自然律尚未被發現，但是不會因此而中止科學理論的建構和日常生活上對於事物的詮釋和預測，依然認定從山頂上跳下去的話，我們相信一定會往下掉，因為「萬有引力」，這自

然律在這一事件是有效的。為什麼不引用其他的自然律呢？理由是該事件中沒有其他特別的狀況存在，其他的律仍然繼續有效，不必要去爭執，所以其他規則沒有成為討論的焦點❼。例如，巴克萊在《絕對服從》中的脈絡，是政治事件中的「叛變」，到底從道德及宗教的觀點是否可以叛變？由於巴克萊深信基督教禁止叛變，他引述〈羅馬書〉第13章第2節：「凡是抗拒掌權的，就是抗拒上帝的命令。」把這段經文當作該書的主題，放在全書之前。然後，從道德的立場來討論該不該服從掌權者。因此，「效忠」❼是不是一條道德律？就是我們有沒有「道德義務」去「效忠」？如果有道德義務的話，這種義務應該或不應該藉著其他的理由被否決呢？要引相關的道德律的話，也應該引用已知的，不應該說：「還有其他的道德律並不知道，到底有沒有跟未知的律有所牴觸還不曉得，這一個「效忠」的原則仍需保留。」如果採取這種立場，巴克萊仍然陷入懷疑論的陷阱之中。所以，只採用相關的已知道德律於案中。

巴克萊採取的方式是：只要證明這是消極道德律，它就有絕對命令的特性。所有的消極道德律都是一樣，消極道德律不會互相衝突，不會因為遵循這一條就不能遵循另外一條消極道德律，因為它們都是禁止性。因此，「停止」做這項，也可以同時停止另外一項。只有積極道德律才會有困難，就是無法同時遵循所有的積極道德律。因此，在一個事件中即使引進許多積極道德律進來，只要該爭執點有消極道德律在，它就有優先權，積極道德律再多也沒有作用，不會影響對於該事件的「判決」。也在這種意味上巴克萊可以肯定倫理學是一門嚴格的學問，行為是可以論證其對錯的，也可以肯定抉擇的有效性。

不過，我們依然還有質疑，為什麼消極道德律比積極道德律要具有優先性？如果是以「應該蘊含能夠」的原則，又某人能夠做這兩類，難道一定要選消極類嗎？其實不是，兩類的道德律在這種狀況下，該原則就是無效了。所以巴克萊只要堅持義務論的立場，把消極道德律當作絕對命令，積極道德律當作條件命令。這種質疑就不可能存在。也就是說，不因為有能力獲得目的，消極道德律就居次。

然而，巴克萊一直把道德律及道德行為的動機都跟宗教混為一談。他們已承認宗教是具有目的性格，所做所為帶有效益主義的色彩。如果我們把這一套道德律至上論放進《新約聖經》的脈絡的話，巴克萊就會遇到至少兩項批評：

1. 法利賽人是當時猶太人之中，堅持嚴遵上帝的命諭，就是遵循法則，也包括「十誡」。耶穌批評法利賽人只講法律不講「生命」，譬如嚴守安息日的命諭，就連治病都不能在安息日做。大家都知道嚴守法則的話，行為都對，品格是「聖潔」，但是喪失道德是為人而存的主旨。既然宗教生活是具有目的性，法利賽人的錯誤，難道不應該避免嗎？如果遵循「效忠」的原則，有許多人都因而死亡，難道耶穌會認為這種行為是「好的」嗎？豈不是跟耶穌本人的作為背道而馳呢❼❻？

2. 耶穌是尊重誡命，但要得到神的賞賜，就需要其他的條件。耶穌說：

> 「莫想我來要廢掉律法和先知，我來不是要廢掉，乃是要成全。我實在告訴你們，就是天地都廢去了，律法的一點一畫也不能廢去，都要成全。……。我告訴你們，你們的

義若不勝於文士和法利賽人的義，斷不能進天國。」（《馬
太福音》5:17.18.20）

巴克萊認爲人類都是神所造的，神待人是公平的，要讓神將「至
善」賜給他，就是要比別人好，這種好就是遵循道德律，也稱
爲「道德的善」（moral good），就是耶穌口中的法利賽人的
「義」。可是耶穌說這種「義」還不夠，「斷不能進天國」，也就
是不能得到神的賞賜，就像國民沒有犯法是應該的，不需要褒
揚，唯有犯法者才需要懲罰。當然從宗教觀點，人類都是有罪，
時常會違背道德律，尤其把違背的行爲從動機算起，譬如，耶穌
說：「你們聽見有話說，『不可姦淫』。只是我告訴你們，凡看見
婦女就動淫念的，這人心裏已經與她犯姦淫了。」（《馬太福音》
5: 27-28）既然人類都是有罪，遵循誡律並不是得到至善的標
準，按照耶穌的見解是：「去變賣你所有的，分給窮人，就必有
財寶在天上。你還要來跟從我。」（《馬可福音》10:21）這就
是說，遵循消極道德律是爲人的必要條件吧！眞正要獲得神的賞
賜需要做積極道德律的事，尤其從耶穌的觀點就要遵循「新誡
命」，它是「你要盡心、盡性、盡力、盡意、愛主你的上帝，又
要愛鄰舍如同自己⑰。」（《路加福音》10:28）耶穌說：「你這
樣行，就必得永生。」（同上，10:29）

既然巴克萊要從宗教的立場去爲他的規則倫理學找立據，就
不要停留在消極道德律的層次，而應該積極開拓積極道德律方面
的理論，因爲這是基督教的兩大精神之一。基督教一方面宣揚神
是公義和正直的，如先知書《阿摩司》及「十誡」所代表的精神，
另一方面也強調神是仁慈的，如先知書《何西阿》、《約拿》以及

耶穌的「新誡命」所代表的，只強調一面是不充足的。況且「道德」的精神就是包含著自動自發地去做積極道德義務，這不只是宗教內的標準和共識，根本就是普遍性的，在各個文化中幾乎都珍惜它如至寶。巴克萊也確知這意義，因此謹守著積極道德律，要奉獻他的一生給百慕達島人，要在那兒建大學，讓美洲移民的子弟可以不必送回英國受教育，減少航海的危險和痛苦，以及其他種種事件都是遵循著「新誡命」。行為的表達應該要比語文的表達來得具體。所以，如果說巴克萊看輕積極道德律的話，就錯了。應該說，他認為在行為抉擇時，消極道德律是應該要優先做，但是有力量做積極道德律的話，就必需做，這種道德義務是人人都應該履行的。

從以上這些討論，我們可以歸納出幾個要點：

1. 做行為抉擇時，要以道德律為依歸，不是以目的為行為的準則。

2. 道德律是自然法則，具有永恆不變性、普遍性和強制性，這些法則永遠是人類行為的最高原則。其他的法則、法律都會因時因地因人而異，唯有自然法則是行為對錯的唯一原則。

3. 發現道德律的方法是由理性採「永恆的觀點」，從事物的本性而獲得的，不是採取習俗規範，也不是採取哲人權威理論，唯有在理性的驗證之下來確認。不過在文化傳統中，已有許多道德律為我們行為的準則了，譬如「十誡」。

4. 道德律可以分為兩大類，消極道德律和積極道德律。由於人類的有限性、時空等等因素，讓我們無法去履行所有相關的道德律，因此需要選擇，以消極道德律為優先實踐的法則，積極道德律其次。

5. 道德律本是普遍性的命題，在各個具體的事件中，需要將它們轉化爲具體的行爲指導原則，轉化的過程是採取相關適宜的詮釋法，譬如基本語詞概念的明確化，具體地指出道德律所適用狀況、範圍或方式等。

6. 採用道德律當行爲抉擇的原則，要比效益原則來得「正確」，不僅因爲人的才智、時間、精力有限，無法知道個別事件中眞正效益之所在，無法做明智的抉擇。更會使行爲對錯失去公正客觀性，因爲結果的好壞就是深受外因的作用影響而變，外因是偶然的，不能完全爲行爲主體所控制，以不能控制的因素來制定行爲的對錯，這是違背我們所理解的「道德」的原則。更主要的，唯有探道德律至上原則，行爲才有一致化、和諧和秩序，道德的美，才有可能獲得。這是從效益觀點來否定效益原則對道德律的適用性。

這些見解是接近義務論的倫理學，以往我們都認爲巴克萊是效益主義，這種看法是錯誤的。另外，我們都沒有正視他在規則倫理學上所做的理論是比以往的哲學家做得更精細，只看他在知識論上的銳利爭辯，忽略了他眞正關心之處，就是如何透過道德行爲來改變人生，獲得眞正的至善。

六、結　論

巴克萊的道德哲學是深受洛克的影響，而建立在基督敎信仰上。認爲人類的本性是墮落的，因爲肉體充滿著情慾，比野獸更凶猛，理性不僅沒控制它，反而提供更精良的犯罪工具，使人類

變成比禽獸更爲可怕的「怪獸」。這種「怪獸」不可以沒受訓練就讓他到人類社會去，這會危害整個社會，使社會敗亡，更嚴重的是使全人類都滅亡。

因爲人在出生時，沒有先在觀念或原則，需要培養他們有良好的德性、理性和道德品味力，讓他們擁有正確的道德觀念、價值和原則。這種栽培的理論根基於人性的可塑性。需以基督教義教導，脫離肉體情慾的控制，不要把肉體短暫的快樂當作至善，眞正的至善是改變人本身的品質，培養能力去實踐道德律，嚴守道德命諭，成爲改善世界的人，成爲神的同工。

在培養的過程中，要誘之以利，同時讓他們知道不實踐道德律的後果，因在現實的世界裏，實踐與利益之間沒有必然的關聯，反而有爲善而不得好報，爲惡而享盡世上榮華富貴的案例。人們喪失道德信仰的基礎，沒有理由相信爲善或遵循道德律，就會讓行爲主體獲益，或者最終的目標得以達成。現實世界裏沒有任何人、政權、體制、文化等等可提供這種信仰的基礎。巴克萊比康德早了半世紀以上，認爲這個基礎就是在於全智、全善、全能的神。神會給予公正的審判，義人將得到適當的報酬，罪人將得到懲罰。這種宗教信仰提供了道德信仰基礎，就是讓世人有行善去惡的誘因，旣然有遵循道德律的動機，這個世界要變成和諧、美好的社會才有可能。

宗教信仰不僅提供至善概念的實質內容，同時指陳致至善之道。就至善的概念而言，雖然巴克萊採取洛克的「快樂」理論，但是他把價值等級重新排列。認爲感性的快樂是最低等級的善，是大部份人所追求的目標，在本質上這種善對於肉體生活而言相當重要，可是它不應該是「至善」，如果把它誤認爲至善，當爲

人生追求的目的，這種人生是荒謬、無意義。人應該追求著理性的快樂。

　　因爲巴克萊相信有靈魂及來生，眞正的快樂是在來生永久的享受天國之樂。在這一個現實的世界裏，我們無法在此得到眞正的享樂，因爲這個世界只不過是個「道德訓練營」吧！就是訓練人們認識神的命諭，並且嚴格遵循。這種命諭就是自然律，最適宜人類共同實踐的規律，具有永恆普遍有效性，乃經由連續觀察事物和理性演繹而得。道德律又可分爲兩類：消極道德律和積極道德律，實踐時要以消極道德律爲優先，當然有能力時，需全力實踐積極道德律。從實踐道德規則，促成全體人類的公益，一方面是履行義務，效法神創造的精神，提高人存有的尊嚴和價值，另一方面，從此獲得神的恩寵，得到永恆的幸福。

　　雖然，這種道德理論是建構在基督敎信仰的基礎上，但是這個理論具有普遍有效性，所提出的課題都是哲學家討論的焦點，對於今日的公民敎育、倫理敎育和道德哲學，都具有啓發和指導作用，只要宇宙存有沒有劇烈改變其運作的方式，人性沒有特殊變化，這種訴諸宇宙存有和人類經驗的自然主義倫理學，也將繼續成爲倫理哲學的主流⓱。

注　　釋

⓮　洛克把在這《人類悟性論》所做的工作，比喩爲淸道夫的工作，而他所做的工作正是知識論方面的重要工作，從人類知識的起源、確定性和範圍的探究、爲自然科學、宗敎信仰和道德哲學之路淸除「垃圾」。見 John Locke, "The Epistle to the Reader," 在 *An Essay Concerning Human Understanding*, ed. by Peter H. Nidditch, (Oxford: clarendon, 1979), p. 10. 以下就以 *Essay* 代表本書，章節頁碼隨其後，就不另行注脚。

❷ George Berkeley, *A Treatise Concerning The Principles of Human Knowledge* 中文爲筆者的譯文。這是該書的最後一節，它是巴克萊著該書的主要目的。

❸ 參閱 John Locke, *An Essay Concerning Human Understanding,* ed. by Alexander Campbell Fraser, 2 vols. (New York: Dover, 1959)。 編者對本書的注解就是從巴克萊的立場所做成的。

❹ 這是巴克萊所做的「清道伕工作」。

❺ 宗敎信仰不僅是一種信仰而已，對於巴克萊而言，這是他的形上學，也是他的道德哲學，包括「道德信仰的基礎」。沒有這種信仰，可能就沒有巴克萊哲學。巴克萊抨擊自由思想者，就是他們要將道德跟宗敎分離。參閱 G. Berkeley, *A Discourse Addressed to Magistrates and Men in Authority,* in *The Works of George Berkeley, Bishop of Cloyne,* ed. A. A. Luce & T. E. Jessop. 9 vols. London: Thomas Nelson and Sons, 1948-1957). VI: 206 以下用羅馬數字代表此全集的册數，阿拉伯數字指頁碼。

《亞勒西逢》就是巴克萊的護敎哲學作品，攻擊自由思想者，批評他們遠離基督敎，使得道德低落，淪於禽獸生涯。

❻ 當代倫理學家杜敏 (Stephen Toulmin) 指出理論上有差異，但是在實際倫理判斷上卻有共識。以往大家都認爲理論要比實際判斷來得正確，其實，正好相反，各個人從不同的文化、宗敎、倫理理論去看同一種「道德行爲」時，它們所提的理由，有時候不僅僅有差異，竟然有相互衝突的，但是實際狀況中，所做的判斷卻是一致。(參閱 Albert R. Jonsen & Stephen Toulmin, *The Abuse of Casuistry: A History of Moral Reasoning,* (Berkeley: University of California Press, 1988)

我們不將倫理課題焦點放在個別行為判斷上。可是要大家注意的
是，我們在某些道德理論上有共識，不見得會接受某某哲人所提出的
形上學基礎或者宗教信仰的立據。譬如筆者在＜孟子哲學方法＞，
（臺大《哲學論評》1991，）一文中，陳述孟子的道德哲學的形上學
基礎和倫理學方法，指出該形上學是過時的，是屬於古代農業社會的
宇宙觀，但是他的倫理學方法仍然是精純、有效的。筆者在此也認
為，如果你不接受巴克萊所立據的基督教信仰，他的道德理論依然是
可接受的，他的分析依然具有說服力。

❼ 洛克指出這一條道德哲學之路，但是細節如何，我們不得而知，巴克
萊郤從此開闢這一條倫理理論的道路，正如在知識論方面，洛克指出
記號學的方向，巴克萊就去開導這條線索。巴克萊並不是接受洛克的
理論，是從他學習到哲學課題、處理的技巧以及可能處理的方向。哲
學的發展就是在這一方面，並不是歷代哲人將哲學問題一個個地解決
掉。通常哲學的課題是永恆的課題。

❽ 巴克萊心目中的科學是一種演繹性的學問，從確定不可質疑的第一原
則去演繹整套知識體系。

❾ George Berkeley, *Philosophical Commentary,* entry 508.
I: 74. 以下用 PC 代表本書。

❿ 參閱 John Locke, *Essay,* II, xxvii·, 8; p. 352.

⓫ 這是巴克萊和當時自由思想者所使用的例子。

⓬ 「原罪」是不是讓人類無法得到拯救？聖保羅採取二元論的「自我」
說，在這段經文所表示的是，肉體主宰了人的行為控制權，雖然靈魂
知道那些行為是應該做，依然無法支配身體去做。他從宗教經驗的立
場，就是神從身外去拉他一把，他才能克服肉體的宰制，如果接受
神，祂就又成為自我的另一個新主人。巴克萊在證道時指出這是基
督的作為。參閱 "On The Mystery of Godliness," VII: 89 在

其他作品中完全採取自我內在論，是自我接受某些原則，而各個官能
共同去實現它們。這個自我乃是一個精神實體，不是「空房子」的狀
態，可任由其他者侵入，不能取而代之，他本身主掌自己的行爲。

⑬ John Locke, *Essay*, II,xxi, 5-6; pp. 236-37.

⑭ Ibid.

⑮ Ibid.. sec. 8, p. 237.

⑯ Ibid. sec. 14, p. 240. 洛克指出他們犯了類似「範疇謬誤」(cate-
gory mistake). 認爲「自由意志」(free-will) 是無意義之詞。

⑰ John Locke, *Essay,* II, xxi, 71; pp. 282-84.

⑱ 當代英國哲學家華諾克 (George J. Warnock) 指出，今日英美的
語言哲學，有許多理論早就被巴克萊所揭發，甚至於維根士坦 (L.
Wittgenstein) 所持有的語言意義卽是在於實際的使用 (the ac-
tual use of words)，就此見解，巴克萊比他早了兩百年，可惜維
氏可能都沒讀到這個理論。參閱 George J. Warnock, "Introduc-
tion," in George Berkeley, *The Principles of Human
Knowledge; Three Dialogues between Hylas and philonous,*
ed. with introd. by G. J. Warnock, (Cleveland: World
Company, Meridian Books, 1969), p. 38. 筆者在本文中所做
的分析，取自巴克萊的《亞勒西逢》第七對話，詮釋巴克萊對「自由
意志」的見解。

⑲ 參閱巴克萊：《亞勒西逢》，第一對話第 13 節（「巴克萊全集」第
三卷，第54頁）。

⑳ 在規範倫理學 (normative ethics)（相對於後設倫理學而言）中，
一般分爲兩大類，德性倫理學 (ethics of virtue) 與規則倫理學
(ethics of principle)，前者討論如何成爲一個有價值的人，著
重「存在」(being) 本身，討論如何培養那些德性，這是希臘哲學家
及中國哲學家們所重視的。但是自康德以降，重新考察到底一個行爲

是對或錯，其標準何在？討論行為本身的對錯問題。當代倫理學的焦
點課題是在規則倫理學而不是德性倫理學，因為德性之所以重要或有
意義，就是能夠做出對的、好的行為來。假如什麼行為是對的都不會
做的話，德性論就流於空談的。筆者在此將兩類倫理學都討論，因為
當代學者只見巴氏的規則倫理學，（當然是要表示這種理論不是康德
才重視，在巴克萊就著重它了，況且巴克萊也早已預取了義務論）。
我將它放在本文的最後一節來討論。但是「自由意志」及德性倫理學
的課題，就沒有受到巴克萊學者的重視，幾乎就不處理它，可能就是
因為二十世紀不重視德性倫理學的緣故。不過，我認為這是相當重要
的一環，而且在這裏具有濃厚的效果論色彩，因此大家把巴克萊的倫
理學當作「效益主義」（utilitarianism），因「功利主義」一詞在臺
灣社會中已有先在的意義——「急功好利」，跟倫理學理論不合，所
以筆者重新定義為「效益主義」或「效益論」）。 其實，在規則倫理
學的部份，巴克萊對於行為抉擇上，反對效益主義，採取義務論的立
場，不是「規則效益主義」（rule-utilitarianism）。見最後一節。

㉑ 這是亞里士多德所做的區分，巴克萊也深深地了解，並且在他的文章
中提出。參閱巴克萊＜近視＞在《保衛者》論文。VII: 210.

㉒ 參閱巴克萊《亞勒西逢》第一對話第 14 節，III: 55-58. 以及＜論
神的意志＞證道第 10 篇 ，VII: 131；又《存在鏈》第 309 節，V:
142-143，第 314 節; V: 145.

㉓ 巴克萊認為「人格」（personality）是靈魂或心靈的中心，只要是
人（person），他的心靈就是一種「單子」（monad），就是參預
（participate，柏拉圖學派的術語）神的和諧之中。心靈是一種不
可分割的存在體，不是聚合體。 參閱《存在鏈》第 345, 346 節 V:
156.

㉔ Cf. Jean-Paul Pittion and David Berman, "A New Letter
By Berkeley to Browne on Divine Analogy," *Mind* 78

(1969): 375-392. 這是目前唯一被肯定的巴氏作品而沒有收集在9冊
的《巴克萊全集》之中。據編者所說，當時他也知道此篇，因爲未能
肯定而沒有收入其中。

㉕ Cf. George Berkeley, *An Essay towards a New Theory of Vision*, sec. 147.

㉖ George Berkeley, *Passive Obedience,* sec. 5, VI: 19.

㉗ Id. Sermon VI "On The Mystery of Godliness", VII: 90.

㉘ See John Locke, *Two Treatises of Government,* ed. P. Laslett, (Cambridge: Cambridge University Press, 1988), *First Treatise,* sec. 86; *Second Treatise,* sec. 11, also the editor's note to the texts. 洛克是否在「先天觀念」上有一致性，見上一章。

㉙ Berkeley says," . . . the understanding of man was obscure, his will perverse and his passions irregular; in a word that our nature was debased and corrupted as having lost that rectitude and perfection, that purity and spotless innocence which it may be supposed to have had upon its coming new-made from the hands of its Creator. Inasmuch as the good which we approve we do not and the evil which we disapprove that we do." Sermon VII, "On the Mystery of Godliness," VII: 93. 巴克萊引用聖保羅在《羅馬書》7: 19. 來支持他的人性論。

㉚ 巴克萊認爲整個自然界的循環，從春夏秋冬到各種動植物的生成變化，暫時性的死亡不是死亡。何況人類是其中一種動物。他用了許多東西來作類比性討論，我只選其中一項作詮釋，參閱 Sermon VIII, "On Enternal Life," VII: 105-113.

㉛ See, Berkeley, *Alciphron: or, the Minute Philosopher.* Fifth Dialogue, sec. 5, III: 178-179.

㉜ Berkeley, *A Discourse addressed to Magistrates and Men in Authority, Occasioned by the Enormous Licence and Irreligion of the Times.* VI: 202.

㉝ Ibid. VI: 307

㉞ Ibid. VI: 206-207.

㉟ Ibid.

㊱ Arthur A. Luce' note in I: 128.

㊲ Berkeley, "Advertisement" to *The Querist: Containing several Queries Proposed to the Consideration of the Public.* VI: 103.

㊳ Berkeley, "Public Schools and Universities", *Essays* in *the Guardian,* VII: 203. Also see, *Alciphron.* second dialogue, sec. 14, III: 85-87.

㊴ Berkeley, *Alciphron,* second dialogue, secs. 14-18; III: 85-95.

㊵ Ibid. sec 10; III: 79.

㊶ 《約翰福音》 *4:* 3-42.

㊷ Albert Camus, *The Myth of Sisyphus and Other Essays,* tr. by J. O'Brien, (New York, 1955), pp. 88-91.

㊸ Berkeley says, "the perfection and end of our being, is to imitate our great creator." (Sermon X, "On The Will of God,") VII: 136.

㊹ See, Berkeley, *Passive Obedience,* sec. 7, VI: 20-21. Berkeley says, "But, as nothing in a natural state can entitle one man more than another to the favour of God, except only moral goodness; which, consisting in a conformity to the laws of God. . . ."

㊺ 梅友認為規則倫理學在柏拉圖哲學中是不存在，而在《舊約》或「羅馬法」之中，在道德討論上是明顯地浮現在康德及其後的倫理哲學中。見 Bernard Mayo, *Ethics and Moral Life,* (London: Macmillan, 1958) 部份選入 *Introductory Readings in Ethics,* ed. Wm. K. Frankena & J. T. Granrose, Englewood Cliffs, NJ: Prentice-Hall, 1974) pp. 230-236.

㊻ George Berkeley, *A Discourse Addressed to Magistrates and Men in Authority,* VI: 211. Berkeley says, "one great mark of the truth of Christianity is, in my mind, its tendency to do good, which seems the north star to conduct our judgment in moral matters and in all things of practic nature; moral or practical truths being ever connected with universal benefit." (*Alciphron,* fifth dialogue, sec. 4; III: 178.)

㊼ 在這種理論裏，道德規則是一種經驗原則，具有高度的參考價值，沒有規範、命令性的強制意義，所以行為主體要一面看著目標，一面參考道德規則。

㊽ Berkeley, *Passive Obedience,* sec. 7, VI: 21.

㊾ Ibid. sec. 33, VI: 35.

㊿ Berkeley, *Alciphron,* third dialogue, sec. 11, III: 129-130. *Principles of Human Knowledge,* sec. 30, 62.

㉛ Id., *Passive Obedience,* sec. 7, VI: 20.

㉜ Ibid. sec. 8, VI: 21.

㉝ David Hume, "Of the parties of Great Britain," *David Hume: the Philosophical Works,* ed. Th. H. Green & Th.

H. Grose, 4 vols. (Germany, Scientia Verlag Aalen, 1964) III: 142.

(54) Berkeley, *Passive Obedience*, sec. 9, VI: 21.

(55) Ibid. sec. 8, VI: 21.

(56) Ibid. secs. 9-10, VI: 21-22.

(57) Ibid. sec. 10, VI: 22.

(58) Ibid. sec. 48, VI: 42-43.

(59) See John Locke, *Essay*, II, xxviii, 7, 13; pp. 352-357.

(60) Ibid. sec. 8; p. 352.

(61) Ibid. secs. 11, 12; pp. 354-357.

(62) 通常把道德律看成命令，不描述事實，是規範行爲，不具有眞假値的語句。但是巴克萊把它當作描述性來用，表達著某種事態。認爲那是神在作規範，人是做描述。把規範性與描述性混爲一談。

(63) 見前面第5頁引文，也是 John Locke, *Essay*, IV, xii, 10, 11; pp. 645-646.

(64) See Berkeley, *Passive Obedience*, sec. 33, VI: 35.

(65) Ibid. sec. 12, VI: 23.

(66) Ibid. secs. 12, 23; VI: 31-34.

(67) Ibid. sec. 12. VI.: 23.

(68) Ibid. sec. 31, VI: 34. Cf. Joseph Kupfer, "Universalization in Berkeley's Rule-Utilitarianism," *Revue Internationale de Philosophie* 28 (1974): 511-531 以及 Marcus G. Singer, *Generalization in Ethics*, (New York: Alfred A. Knopf, 1961; 2nd ed. Atheneum, 1971).

(69) Berkeley says, "nothing is a law merely because it conduceth to the public good, but because it is decreed by the will of God, which alone can give the sanction of a

law of nature to any precept; neither is anything, how expedient or plausible soever to be esteemed lawful on any other account than its coincident with or not repugnant to the laws promulgated by the voice of nature and reason." (*Passive Obedience,* sec. 31, VI: 34). 這是用宗教語言來肯定道德律。除去宗教色彩即是義務論。

⑦ See, Berkeley. *Passive Obedience,* secs. 26-33 VI: 31-36.

⑦ Ibid. sec. 26, VI: 31-32.

⑦ 效益原則可以用在選擇兩條積極道德律上，但不能用在消極道德律與積極道德律的選擇上。

⑦ See, Berkeley, *Passive Obedience,* sec. 32, VI: 34-35.

⑦ Cf. John Hospers, *An Introduction to Philosophical Analysis*, 3rd ed. (Englewood Cliffs, NJ: Prentice-Hall, 1988), p. 210.

⑦ Berkeley says, "Only thus much I shall take for granted, that there is in every civil community, somewhere or other, placed a supreme power of making laws, and enforcing the observation of them. The fulfilling of those laws, either by a punctual performance of what is enjoined in them, or, if that be inconsistent with reason or conscience, by a patient submission to whatever penalties the supreme power hath annexed to the neglect or transgression of them, is termed *loyalty*." (*Passive Obedience,* sec. 3, VI: 18).

⑦ 巴克萊認為耶穌行神蹟救人，主要的目的是宣示基督的眞理，讓人因此而相信耶穌是基督，而使救世的佳音傳遍世界，至於救那些個別的人，只是附帶的。但是我們也會質問：神也採用效益原則來暫時中止

某些自然律的有效性的話，我們豈不是也可以依照這種方式來對待道德律嗎？巴克萊可能的回答是，祂是神，是立法者，我們是人，只有有限的智慧，只有守法才是明智之舉。

(77) 這個「新誡命」是出自於《舊約》，《申命記》*6:* 5 及《利未記》*19:* 18，但是耶穌重新將它從《舊約》經文中挑出來，改變《聖經》的倫理理論。以「十誡」爲典範的倫理學是預設宇宙的規律性，人類只需遵循這些規律，宇宙就獲得和諧，人類的義務就是維護這種和諧。這種和諧論是從《創世記》第一章就開始陳現出來。但《耶利米》*31:* 31-35，提出「新約」，這個約是寫在心上，將「十誡」寫在石碑上，客觀外在條文化的律法論，改變爲內在、自主的德性論，耶穌發揮先知耶利米這種道德理論，認爲「道德」不僅是遵循誡命，更重要的是創造性。這種創造力是根源於神，《新約》用「葡萄樹」的比喻及其他的比喻都是說，唯有跟神連結才有結葡萄的可能，人類唯有跟存在的根源 (ground of being) 結合，才有可能具有「愛」的能力。參閱《約翰福」所代音》第三及四章。巴克萊的規則倫理學似乎接近《舊約》的「十誡」表的和諧理論。關於「新誡命」，參閱《馬太福音》*22:* 34-40《馬可福音》*12:* 28-34；《約翰福音》*13:* 34；《羅馬書》*13:* 9；《加拉太書》*5:* 14《雅各書》*2:* 8。

(78) Cf. Richard B. Brandt, "The Future of Ethics," *New Directions in Ethics: The Challenge of Applied Ethics,* ed. by J. P. DeMarco & R. M. Fox, (NY. Routledge & Kegen Paul, 1986), pp. 238-248.

巴克萊作品表

一、生前出版作品

（本表依年代、名稱、出版地以及在「巴克萊全集」由路斯與耶斯柏合編 9 卷中的卷數及頁碼）

公元 1707 年　Arithmetica and Miscellanea Mathema-
tica. （〈算術〉，〈數學雜文〉）　倫敦　IV:
165ff

公元 1709 年　An Essay towards a New Theory of
Vision. （《視覺新論》）　都柏林　I:161ff （第二
版1710年，都柏林；1732年附在《亞勒西逢》，倫敦及都柏
林）

公元 1710 年　A Treatise concerning the Principles of
Human Knowledge. （《人類知識原理》）　都柏
林　II:21ff （1734 年第二版，並跟《海、菲三談》新版
合訂本，倫敦）

公元 1712 年　Passive Obedience. （《絕對服從》）
都柏林及倫敦　VI:15ff （同年有第二版；1713年，倫敦；
第三版，倫敦）

公元 1713 年　Three Dialogues between Hylas and Ph-
ilonous. （《海、菲三談》）　倫敦　II:165ff

(1725年第二版，倫敦；1734年跟《人類知識原理》合訂本)

Essays in The Guardian. （〈在保衛者〔雜誌〕的雜文〉） VII:181ff

公元 1715 年 Advice to the Tories who have taken the Oaths. （〈向已發誓的保守黨員之進言〉） 倫敦 VI:53f

公元 1717 年 Observations…on the Eruptions of Fire and Smoak from Mount Vesuvio. In *Philosophical Transactions of the Royal Society,* London, no. 354, vol. 30, pp. 708-713. （〈維蘇威火山觀察記〉刊於《皇家哲學錄》） 倫敦 IV:247-50

公元 1721 年 *De Motu.* （〈論運動〉） 倫敦 IV:11ff (1752年刊於巴克萊《雜文》）

An Essay towards preventing the Ruine of Great Britain. （〈防止大英覆亡論〉） 倫敦 VI:69f (1752年刊於巴克萊《雜文》）

公元 1724 年 A Proposal for the Better Supplying of Churches in our Foreign Plantations, and for Converting the Savage Americans to Christianity. （〈爲教會在外國農場有更好資助及改變野蠻美洲人入基督教的建言〉） 倫敦 VII:345ff (1725 年，1或2月出版；1752 年刊於巴克萊《雜文》，都柏林）

公元 1732 年 A Sermon Preached Before the Incorporated Society for the Propagation of the Gospel in Foreign Parts. （〈對公司外國部爲宣揚福音之證道〉）

倫敦　　　VII:114 (1752年刊於巴克萊《雜文》)

Alciphron: or, the Minute Philosopher. In seven dialogues. （《亞勒西逢》）2 卷　　倫敦及都柏林 III(1732年就有第二版; 1752年第三版在倫敦以單本出版)

公元 **1733** 年　　*The Theory of Vision, or Visual Language, shewing the Immediate Presence and Providence of a Deity, vindicated and explained.* （《視覺理論》）　　倫敦　　I: 251ff

公元 **1734** 年　　*The Analyst; or, a Discourse addressed to an Infidel Mathematician.* （《分析者》） 都柏林及倫敦　　IV:65ff

公元 **1735** 年　　*A Defence of Free-thinking in Mathematics.* （《爲數學中的自由思想之辯護》）　　都柏林及倫敦　　IV: 109ff

Reasons for not replying to Mr. Walton's 'Full Answer' in a Letter to P.T.P. （《不對華頓先生做完全回答之理由》）　　都柏林　　IV:147f

The Querist. （《質詢者》）　　3 部，分別在1735、1736、1737年; 都柏林及倫敦　　VI:103ff

公元 **1737** 年　　*Queries relating to a National Bank,* extracted from *The Querist.* （《關於國家銀行》選自《質詢者》）　　IX:159ff

公元 **1737** 年　　Letter on the project of a National Bank. In *Dublin Newsletter,* 2-5 April. （〈國家銀行計劃之書信〉，刊於《都柏林新聞》），*Pue's Occurrences.*

（《保的事件》）　　　VI:185-7

公元 1738 年　　A Discourse addressed to Magistrates.
（〈向執政者之建言〉）　　都柏林，科克，倫敦　　　VI:
201f (1738年第二版，倫敦，1738年第二版（第一修訂版）
都柏林，1752年刊於巴克萊《雜錄》）

公元 1744 年　　*Siris: a Chain of Philosophical Reflex-
ions and Inquiries concerning the Virtues of Tar-
water, and divers other subjects.*　　（《存在鏈》）
V:27ff (1744年3月倫敦，4月第二版，1744 年新版)

To T.P. Esq. In *Dublin Journal,* 26-29 May.　（〈致
T.P. Esq.〉刊於《都柏林雜誌》5月26—29日。）

本文未收入「全集」，但附於1744年《存在鏈》幾本中，
及在1747年版內。

Directions for the Making and Using Tar-water.
In *Dublin Journal,* 8-12 May　　（〈胭脂水製造及
使用說明》，刊於《都柏林雜誌》）V:227f

Further Directions for the Making and Using Tar-
water. In *Gentleman's Magazine,* London, vol. 14,
p. 327.　　（〈詳述胭脂水之製造與說明〉，刊於《紳士
雜誌》）　　本文只有四段，未收入《全集》內

A letter to T…P…, Esq. on the Virtues of Tar-
water. (〈致 T.P. Es9 關於胭脂水之性質〉)　　7月，
倫敦，同月有第二版，但未能找到，但9月的第二版附於
《存在鏈》第二版內　　V:171ff

（〈論焦〉詩，附於一些《存在鏈》）　　都柏林的第二

版內　　V:225f

公元 **1744** 年　　On 'Siris' and its Enemies.　（〈論《
存在鏈》及其敵人〉），10月，*Gentleman's Magazine.*
（《紳士雜誌》）　　倫敦　　vol. 14, p.559.　　V:226

公元 **1745** 年　　The Bishop of Cloyne's Letter to his
Clergy.　　（〈克隆茵主敎致他的神職人員書信〉）　　刊
於 *Dublin Journal.* （《都柏林雜誌》），1942 號，10月
15—19日　　VI:227f

The Bishop of Cloyne's Letter to the Roman Cath-
olics of the Diocese.　　（〈克隆茵主敎致克隆茵敎區
內羅馬天主敎〉）　　刊於《都柏林雜誌》，1943號，10
月19—22日，附於1746年 *An Impartial History of the
Life and Death of James the Second.* （《詹姆士二
世生死正史 》）小冊子內，也刊於1752年巴克萊的《 雜
文》　　VI:229f　　　　〈巴克萊致布郎新書信，論神聖類
比〉，刊於《文學雜誌》，vol. ii, part ii, 153-167. 未
收入「全集」，因編輯未能確定作者，經由 J.P. Pittion
及 D. Berman 指認。刊於《心靈》(*Mind*) 78 (1969):
385-392。

公元 **1745-1746** 年　　Three Letters on the Militia.
（〈三書信談自衛隊〉），*Dublin Journal.* （《都柏林雜
誌》），12月17—21日，1月4—7日，2月4—8日 VIII:
278-280-2

公元 **1746** 年　　A Second Letter … to Thomas Prior,
Esq. on the Virtues of Tar-water.　　（〈第二封致伯

萊爾書信，論胭脂水之性〉）附於伯萊爾的 *An Authentic Narrative of the Success of Tar-water*（《純正的敍述胭脂水的成效》） 都柏林及倫敦，1746年新版，倫敦 V:181f

On the Disputes about Tar-water. （〈論關於胭脂水之爭論〉詩），附於《純正的敍述胭脂水的成效》 V:225

公元 1747 年 A Letter … to Thomas Prior on the Petrifactions of Lough Neagh in Ireland. （〈致伯萊爾書信，論愛爾蘭尼湖之化石〉）刊在 *Philosophical Transactions of the Royal Society.*（《皇家學會哲學錄》）no. 481, vol. 44, pp. 325-328, 1746年5月20日 IV:251-3

A Letter to … Thomas Prior, Esq., concerning the Usefulness of Tar-water in the Plague. （〈致伯萊爾書信，關於胭脂水在流行病時的有用性〉） 都柏林，在下面這一項目內 V:190ff

Two letters … the one to Thomas Prior … the other to the Rev. Dr. Hales, on the benefit of tar-water in fevers. （〈致伯萊爾及霍勒牧師的兩封信，關於胭脂水治高燒之效用〉） 倫敦 V:203f

公元 1749 年 A Word to the Wise: or, an Exhortation to the Roman Catholic Clergy of Ireland. （〈對智者之言：對愛爾蘭的天主敎神職人員之勸誡〉） 都柏林 V:235ff

1749年第 3 版，都柏林；1750年第四版，都柏林及波士頓，華德厚。1750年附於《質詢者》，倫敦，1751年格拉斯哥。1752年都柏林，1752年收入巴克萊的《雜記》。

公元 **1750** 年　　Maxims concerning Patriotism.　（〈愛國之格律〉）　　都柏林，　　VI: 253-255 (1752年收入巴克萊《雜文》)

Observations … concerning Earthquakes.　（〈對地震之觀察〉）刊在 *Gentleman's Magazine*　（《紳士雜誌》）　　倫敦，　4 月，　vol. 20 pp. 166f　IV:255f

公元 **1752** 年　　A Miscellany　　（《雜文》）　　都柏林，倫敦。本書收集11篇，只有兩篇是第一次在本書出現。Farther thoughts on tar-water（〈對胭脂水的再思〉）V:207ff,　Verses on the prospect of planting arts and learning in America.　（〈在美洲之種植藝術及知識景像之詩〉）　　VII:373

二、遺著（依寫作次序）

1. A Description of the Cave of Dunmore.（〈鄧摩耳地洞之描述〉）IV:257f
   三個草稿之一，標記日期是 1706年，第一次刊於 Life and Letters of Berkeley　《巴克萊生平及書信》編者是佛雷色，1871年，牛津

2. Of Infinites.（〈無限〉）　　IV: 235f
   1707年第一次由羗士頓發表在 S. P. Johnston in *Hermathena*, Dublin, vol. II, 1901, pp. 180-5. 《賀瑪示那》

3. Philosophical Commentaries. (《哲學評註》)　　I:9ff

　　1707-1708年第一次出現在《巴克萊生平及書信》，1871年，牛津，編輯者佛雷色稱之爲《形上學偶思札記》(*Commonplace Book of Occasional Metaphysical Thoughts.*)

4. Draft of the Introduction to the Principles. (〈《人類知識原理》導論之草稿〉)　　II:121ff

　　1708年草稿，第一次出版在克勞士版的《人類知識原理》1874年佛雷色出版，美洲費城。

5. Sermon on the revelation of life and immortality. (〈證道：生命及靈魂不朽之啓示〉)，經文是《提摩太後書》*1:10*　　VII:9ff

　　1708年第一次出版，在《巴克萊生平及書信》，1871年。

6. 'Let your zeal be according to knowledge'(〈證道：讓熱誠合乎知識〉)，經文參閱《羅馬書》*10:2*　　VII:16ff

　　可能是 1709-1712年，第一次出版，由路斯在《賀瑪示那》，都柏林 vol. XXII, 1932年，　pp. 16-28。

7. On charity (〈證道：仁慈〉)，經文是《約翰福音》*13:35* VII:27ff

　　1714年在李洪證道。第一次出版，《巴克萊生平及書信》，1871年。

8. On the mission of Christ (〈證道：基督的傳道〉)，經文是《提摩太前書》*1:15*　　VII:40ff

　　1714年在來亨證道。第一次出版，《巴克萊生平及書信》，1871年。

9. *Journals of travels in Italy*. (《義大利旅遊日記》)

VII:245ff

1717-1718年第一次出版，《巴克萊生平及書信》，1871年。

10. 〈在羅得島，紐波特，證道簡記〉　　VII:53ff

1729-1731年。

11. The mystery of godliness（〈證道：神的奧秘〉）2篇，
經文是〈提摩太前書〉*3*:16　　VII:85ff

無日期，可能是 1729-1731年在紐波特證道。第一次出版，
刊在韋爾德的《巴克萊》，1936年，麻省的劍橋。

12. Eternal life（〈證道：永生〉），經文是《約翰一書》*2*:
25　　VII:105ff

無日期，第一次出版於韋爾德的《巴克萊》。

13. The Irish patriot or Queries upon Queries.（〈愛爾
蘭愛國者或者質詢關於質詢〉）　　VI:189-92

可能是 1738年關於提建國家銀行，第一次出版在《泰晤士
文學增遺》，1930年3月13日，由洪（J. M. Hone）出版。

14. Thy will be done（〈證道：願祢的旨意得成〉），經文
是《馬太福音》*6*:10　　VII:129ff

1751年第一次出版，由韋爾德（J. Wild）在《哲學評論》
(*Philosophical Review,* vol. XL, 1931, pp. 526-36.)

三、全　集

公元 1784 年　　都柏林及倫敦，2卷，編輯者可能是史都可
(Joseph Stock), 1820 年再版，倫敦，3卷，1837年，倫
敦，1卷。

公元 1843 年　　倫敦，2卷，可能由萊特（G. N. Wright）

編輯。

公元 1871 年　　牛津，4 卷，由佛雷色(A. C. Fraser) 編輯。

公元 1897-1898 年　　倫敦，3 卷，由參孫 (G. Sampson) 編輯，巴霍 (A. J. Balfour) 做傳記性導論。

公元 1901 年　　牛津，4 卷，由佛雷色編輯，跟1871年版有很大差異。

公元 1948-1957 年　　愛丁堡，9 卷，由路斯 (A. A. Luce)和耶斯柏 (T. E. Jessop) 合編。

公元 1979 年　　紐約，3 卷，由巴克 (Désirée Park) 增補上面九卷中的第一卷，並將它們合訂爲 3 卷。

巴克萊年表

公元 1685 年　　喬治・巴克萊在 3 月 12 日生於愛爾蘭的啓耳肯尼，父親名威廉，祖籍英國，母親伊麗莎白，他有五弟一妹。

公元 1696 年　　7 月 17 日入學啓耳肯尼學院。

公元 1700 年　　3 月 21 日進都柏林的三一學院習數學、古典學、邏輯和哲學。

公元 1704 年　　畢業，獲文學士 (B. A.) 學位。在學時發表〈數學雜文〉，開始探究非物質主義。

公元 1706 年　　12 月 7 日讀書小組討論洛克的《人類悟性論》。開始寫下哲學札記，到 1708 年秋天才完成，這兩本札記成爲現今的《哲學評註》。

公元 1707 年　　6 月 9 日通過考試後當選爲學術團體的會員。獲碩士學位。在學院任教。

公元 1708 年　　證道〈靈魂不朽〉與〈絕對服從〉。

公元 1709 年　　2 月 19 日當執事，出版《視覺新論》他的第一部作品。

公元 1710 年　　成爲神職人員，任命爲助理院長。《人類知識原理》出版。

公元 1713 年　　第一次訪問英格蘭，因健康的理由而去，並在那見出版《海、菲三談》，遇到一些名流如 Swift, Addison, Pope, Gay, Arbuthnot, Steele。也投稿於《保衛者》雜誌，批評自由思想者。做第一次歐洲大陸旅行，到冬季也越過阿爾卑斯山。

公元 1716 年　　擔任克洛輔主教亞舍之子家庭教師，伴遊歐陸。這是他的第二次歐陸旅遊，越過阿爾卑斯到羅馬以及拿坡里。一直到 1720 年才回到倫敦。在旅途中爲法國科學院的徵文比賽撰寫〈論運動〉，未獲獎。

公元 1720 年　　回國後對於當時英國社會、政治與道德問題有深入研究。南海公司倒閉案。

公元 1721 年　　9 月回都柏林，獲道學士（B. D.）及神學博士（D. D.），之後兩年半在政府部門協助，也在學院教書並兼行政。

公元 1722 年　　百慕達計劃獲得批准。

公元 1724 年　　任命爲德瑞院長。

公元 1726 年　　5 月國會批准二萬英鎊去實現百慕達計劃。

公元 1728 年　　8 月結婚，新娘是浮士特爵士之長女安。9 月初帶新娘乘船動身赴美洲。

公元 1729 年　　1 月 23 日到美洲羅得島，居住在紐波特。在此停留了二年又八個月。完成《亞勒西逢》，並認識金氏學院院長詹申並有四封哲學書信。

公元 1731 年　　回倫敦。

公元 1734 年　　1 月任命爲克隆茵主教。5 月 19 日在都柏林的聖保羅教堂被按立。就定居克隆茵，直到逝世前六個月才離開。

公元 1739 年　　愛爾蘭有流行病及饑荒。

公元 1744 年　　出版《存在鏈》宣傳胭脂水對於該流行病的療
　　　　效。

公元 1752 年　　暑假，全家去看在牛津基督學院的三兒子喬治。

公元 1753 年　　1月14日死於牛津，葬於該學院的敎堂墳地。

參 考 書 目

Albee, Ernest. *A History of English Utilitarianism*. New York: Crowell-Collier, Collier Books, 1962.

Armstrong, David M. *Berkeley's Theory of Vision*. Melbourne: Melbourne University Press, 1961.

Aristotle, *The Complete Works of Aristotle,* ed. by J. Barnes, 2 vols. Princeton: Princeton University Press, Bollingen Series LXXI, 1984.

Bayle, Pierre. *Historical and Critical Dictionary: Selections*. ed. & tr. by Richard P. Popkin. Indianapolis: Bobbs-Merrill. Library of Liberal Arts, 1965.

Bayles, Michael D., *Contemporary Utilitarianism,* Garden City: Doubleday, Anchor Books, 1968.

Bentham, Jeremy. *The Principles of Morals and Legislation,* New York: Prometheus, 1988.

Berkeley, George, *The Works of George Berkeley, Bishop of Cloyne,* ed. by A. A. Luce and T. E. Jessop. 9 vols. London: Thomas Nelson and Sons, 1948-57.

_____*Philosophical Commentaries: Generally Called the Commonplace Book*. Transcribed and edited with an introduction and notes by Arthur A. Luce. London: Thomas Nelson & Sons, 1944

_____ "A New Letter by Berkeley to Browne on Divine Analogy." *Mind* 78 (1969): 357-392.

Bennett, Jonathan. "Berkeley and God." *Philosophy* 40 (1965): 207-21. Repr. in Martin, C. B., & M. Armstrong, eds. *Locke and Berkeley: A Collection of Critical Essays.* New York: Doubleday, Anchor Books, 1968.

_____ *Locke, Berkeley, Hume: Central Themes.* Oxford: Clarendon, 1971.

Berman, David. "On Missing the Wrong Target: A Criticism of Some Chapters in Jonathan Bennett's *Locke, Hume, Central Themes.*" *Hermathna,*113 (1972): 54-67.

Boyle, Robert. *Selected Philosophical Papers of Robert Boyle,* ed. M. A. Stewart, New York: Manchester University Press, 1974.

Bracken, Harry. *The Early Reception of Berkeley's Immaterialism,* The Hague: Martinus Nijoff, 1965.

_____ *Berkeley,* New York: St. Martin's Press, 1974.

Broad, C. D. "Berkeley's Theory of Morals." *Revue Internationale de Philosophie* 7 (1953): 72-86.

Brook, Richard J. *Berkeley's Philosophy of Science.* The Hague: Matinus Nihoff, 1973.

Camus, Albert. *The Myth of Sisyphus and Other Essays.*

Tr. J. O'Brien, New York: Random House, Vintage Books, 1955.

Collins, James D. *The British Empiricists: Locke, Berkeley, Hume.* Milwaukee: Bruce, 1967.

Conroy, Graham P. "Language and Morals in Berkeley's Philosophy." Doctral dissertation, University of California at Berkeley. Ann Arbor, Mich.: University Microfilms. 1957.

_____ "George Berkeley on Moral Demonstration." *Journal of the History of Ideas.* 32 (1961): 205-14.

Cornman, James W. "A Reconstruction of Berkeley: Minds and Physical Objects as Theoretical Entities." *Ratio* 13 (1971): 76-87.

_____ *Perception, Common Sence and Science.* New Haven: Yale University Press, 1975.

Cummins, Phillip D. "Perceptual Relativity and Ideas in the Mind." *Philosophy and Phenomenological Research* 24 (1963): 202-214.

_____ "Berkeley's Manifest Qualities Thesis." *Journal of the History of Philosophy* 28 (1990): 385-401.

Davie, G. E. "Berkeley's Impact on Scottish Philosophers." *Philosophy* 40 (1965): 222-234.

DeMarco, J. P. & Fox, R. M. eds. *New Directions in Ethics: The Challenge of Applied Ethics,* New York: Routledge & Kegan Paul, 1986.

214　巴 克 萊

Descartes, R. *The Philosophical Writings of Descartes.* Tr. J. Cottingham, R. Stoothoff & D. Murdoch. Cambridge Univ. Press, 3 vols. 1985-91.

Dilman, Ilham. *Matter and Mind: Two Essays in Epistemology.* London: Macmillan 1975.

Doney, Willis. "Berkeley's Arguments against Abstract Ideas." *Midwest Studies in Philosophy* 8 (1983):295-308.

Ewing, A. C. "The Problem of Universals." *Philosophical Quarterly* 21 (1971): 207-216.

Flew, Antony. "Was Berkeley a Precursor of Wittgenstein?" in *Hume and the Enlightenment: Essays Presented to Ernest C. Mossner,* ed. Wm. T. Todd, Austin: Humanities Research Center, University of Texas, 1974. pp. 153-163.

_____ *David Hume: Philosopher of Moral Science.* Oxford: Basil Blackwell, 1986.

Flage, Daniel E. *Berkeley's Doctrine of Notions: A Reconstruction Based on his Theory of Meaning.* London: Croom Helm, 1987.

Foster, J. and Robinson, H. eds. *Essays on Berkeley: A Tercenternnial Celebration.* Oxford: Clarendon, 1985.

Frankena, Wm. K. & Granrose, J. T. *Introductory Readings in Ethics,* Englewood Cliffs: Prentice-Hall, 1974.

Furlong E. J. "An Ambiguity in Berkeley's *Principles.*" *Philosophical Quarterly* 14 (1964): 334-344.

_____ "Berkeley on Relations, Spirits, and Relations." *Hermathena* 106 (1968): 60-66.

Galilei, Galileo. *Dialogue Concerning the Two Chief World Systems: Ptolemaic & Copernican.* Tr. by S. Drake, foreword by A. Einstein. Berkeley: University of California Press, 2nd revised ed., 1967.

Garber, Daniel. "Locke, Berkeley, and Corpuscular Scepticism." in Turbayne, C. M., ed. *Berkeley: Critical and Interpretive Essays.* Minneapolis: Univ. of Minnesota Press, 1982. pp. 174-193.

Harrison, Jonathan. *Hume's Moral Epistemology.* Oxford: Oxford Univ. Press, 1976.

Hart, H. L. A. *The Concept of Law.* Oxford: Clarendon, 1961.

_____ *Essays on Bentham.* Oxford: Clarendon, 1982.

Hershbell, Jackson P. "Berkeley and the problem of Evil." *Journal of History of Ideas* 31 (1970): 543-554.

Hobbes, Thomas. *Leviathan.* Edited with an introduction by M. Oakeshott, Oxford: Blackwell, 1955.

Hospers, John. *An Introduction to Philosophical Analysis.* 3rd ed. Englewood Cliffs: Prentice-Hall. 1988.

Hume, David. *David Hume: The Philosophical Works.* ed. Th. H. Green & Th. H. Grose, 4 vols. Germany, Scientia Verlag Aalen, 1964.

Hutcheson, Francis. *An Essay on the Nature and Conduct of Passions and Affections* with *Illustrations on the Moral Sense.* Gainesville, Florida: Scholars' Facsimiles

& Reprints, 1969.

Hutcheson, P. "Berkeley's God Perceives." *Southwest Philosophical Studies.* 8 (1983) 81-88.

Jessop, T. E. "Berkeley as Religious Apologist." in W. E. Steinkraus ed. *New Studies in Berkeley's Philosophy.* New York: Holt, Rinehart & Winston, 1966. pp. 98-109.

Johnston, G. A. *The Development of Berkeley's Philosophy.* New York: Russell & Russell, 1965, repr. of 1923 ed.

Johnston, J. "The Relevance of a Berkeleian Theory of Cerdit to the Problem of Today." *Irish Press,* Dublin, April 20, 1965.

Justin, Gale D. "On Kant's Analysis of Berkeley." *Kant-Studien* 65 (1974): 20-33.

_____ "Re-relating Kant and Berkeley." *Kant-Studien* (1977): 77-89.

Kant, I. *The Critique of Judgment.* Tr. by J. C. Meredith. Oxford: Clarendon, 1969.

_____ *Critique of Practical Reason.* Tr. by L. W. Beck. Indianapolis: Bobbs-Merrill, 1956.

_____ *Critique of Pure Reason.* Tr. by N. K. Smith. New York: St. Martin's, 1965.

King, E. G. "Language, Berkeley and God." *International Journal of the Philosophy of Religion* 1 (1970): 112-

113.

Kupfer, Joseph H. "Bishop Berkeley's Rule-Utilitarianism." Doctoral Dissertation, University of Rochester. Ann Arbor.: University Microfilms, 1971.

_____ "Universalization in Berkeley's Rule-Utilitarianism." *Revur Internationale Philosophie* 28 (1974): 511-531.

Lehman, Craig. "Will, Ideas, and Perception in Berkeley's God." *Southern Journal of Philosophy* 19 (1981): 197-203.

Leibniz, G. W. *The Leibniz-Clarke Correspondence.* ed. by H. G. Alexander. Manchester: Manchester University Press, 1956.

Livingston, Donald W. *Hume's Philosophy of Common Life.* Chicago: Univ. of Chicago Press, 1984.

Locke, John. *An Essay concerning Human Understanding.* ed. with introd. Peter H. Nidditch, Oxford: Clarendon, 1979.

_____ *Essays on the Law of Nature.* ed. tr. and introd. by W. von Leyden. Oxford: Clarendon, 1988.

_____ *Two Treatises of Government.* ed. with introd. and notes by Peter Laslett. Cambridge: Cambridge Univ. Press, 1988.

Luce, A. A. *The Dialectic of Immaterialism.* London: Hodder & Stoughton, 1963.

_____ *Berkeley and Malebranche: A Study in the Origins of Berkeley's Thought.* New York. Oxford, 1967.

_____ *Berkeley's Immaterialism: A Commentary on His "A Treatise concernning the Principles of Human Knowledge."* New York: Russell & Russell, 1968.

Macintosh, J. L. "Leibniz and Berkeley." *Proceedings of the Aristotelian Society* 71 (1970–71): 147–163.

Mackie, J. L. *Problems from Locke.* Oxford: Clarendon, 1976.

Martin, C. B. & D. M. Armstrong, eds. *Locke and Berkeley: A Collection of Critical Essays.* Garden City, Anchor Books, 1968.

McGuire, J. E. "Boyle's Conception of Nature," *Journal of the History of Ideas* 33 (1972): 523–541.

Mill, J. S. *The Logic of the Moral Sciences.* Introd. by A. J. Ayer, London: Duckworth, 1987.

Miller, George W. "Kant and Berkeley: Alternative Theories." *Kant-Studien* 64 (1973): 315–335.

Monro, D. H. "Utilitarianism and the Individual." *Canadian Journal of Philosophy,* 5 (1979, supplement): 47–62.

Nelson, John O. "Does Physics Lead to Berkeley?" *Philosophy* 57 (1982): 91–104.

Newton, I. *Philosophiae Naturalis Principia Mathematica.*

Tr. by A. Motte. translation revised & supplied with a historical and explanatory appendix by F. Cajori. 2 vols. Berkeley: University of California Press, 1962.

_____ *Opticks*. Foreword by A. Einstein. New York: Dover, 1952.

Newton-Smith, W. H. "Berkeley's Philosophy of Science." in Foster, John and Robinson, H. eds. *Essays on Berkeley: a Tercentennial Celebration*. pp. 149-161.

Nielsen, Harry A. "A Categorical Difficulty in Berkeley." *Philosophical Research Archives,* 6 (1980) no. 1422.

Olscamp, Paul J. "Does Berkeley Have an Ethical Theory?" in Turbayne ed. *Berkeley, Principles of Human Knowledge: Text and Critical Essays*. 1970, pp.182-200.

_____ *The Moral Philosophy of George Berkeley*. The Hague: Martinus Nijhoff, 1970.

Park, Désirée. *Complementary Notions: A Critical Study of Berkeley's Theory of Concepts*. The Hague: Martinus Nijhoff, 1972.

Pitcher, G. *Berkeley*. London: RKP, 1977.

Plato. *Plato: The Collected Dialogues*. Ed. by E. Hamliton & H. Cairns. Princeton: Princeton University Press, 1969.

Popkin, Richard H. *The History of Scepticism from Erasmus to Spinoza*. Berkeley: University of California Press, 1979.

_____ "Berkeley and Pyrrhonism." In Myles Burnyeat, ed. *The Skeptical Tradition.* Berkeley: Univ. of California Press, 1983. pp. 377-396.

"So, Hume did Read Berkeley." *Journal of Philosophy* 61 (1964): 773-778.

Raphael, D. D. ed. *British Moralists: 1650-1800.* 2 vols. Oxford: Clarendon, 1969.

Romanell, Patrick. *John Locke and Medicine.* New York: Prometheus, 1984.

Schneewind, J. B. ed. *Moral Philosophy from Montaigne to Kant: An Anthology.* 2 vols. Cambridge: Cambridge Univ. Press, 1990.

Singer, Marcus G. *Generalization in Ethics.* New York: Alfred A Knopf, 1961; 2nd ed., Atheneum. 1971.

Sosa, Ernest. ed. *Essays on the Philosophy of George Berkeley.* Dordrecht: D. Reidel Publishng Company, 1987.

_____ "Berkeley's Master Stroke." In Foster, John and Robinson, Howard, eds. *Essays on Berkeley: A Tercentennial Celebration.* Oxford: Clarendon, 1985, pp. 59-81.

Spinoza, Benedict. *The Collected Works of Spinoza,* ed. & Tr. by Edwin Curley, 2 vols. Princeton: Princeton University Press, vol. I, 1985.

Steinkraus, Warren E. ed. *New Studies in Berkeley's Philosophy*. New York: Holt, Rinehart and Winston, 1966.

_____ "Is Berkeley a Subjective Idealist?" *Personalist* 48 (1967): 103-118.

Sullivan, Timothy D. "Berkeley's Moral Philosophy." *Philosophical Studies of Ireland* 19 (1970): 193-201.

Tipton, I. C. *Philosophy of Immaterialism*. London: Methuen, 1974.

Toulmin, Stephen and Albert R. Jonsen. *The Abuse of Casuistry: A History of Moral Reasoning* Berkeley: Univ. of California Press, 1988.

Tsai, Denis Hsin-An. "God and the Problem of Evil in Berkeley." *Philosophical Review* (Taiwan), 6 (1983): 125-136.

_____ "On Berkeley's Concept of Good." In *Bulletin of College of Liberal Arts* (NationalTaiwan University), 32 (1983): 431-451.

_____ "On Berkeley's Concept of Human Knowledge of Nature." In *Bulletin of College of Liberal Arts* 33 (1984): 259-326.

_____ "On 'Ideas' and 'Spirits' in Berkeley." In *Bulletin of College of Liberal Arts,* 34 (1985): 251-293.

Turbayne, Colin M. ed. *Berkeley: Principles of Human Knowledge, Text and Critical Essays*. Indianapolis:

Bobbs-Merrill, 1970.

_____ ed. *Berkeley: Critical and Interpretive Essays.* Minneapolis: Univ. of Minnesota Press, 1982.

Warnock, G. J. *Berkeley.* Notre Dame: University of Notre Dame Presss, 1982.

_____ "Introduction" In *Berkeley: the Principles of Human Knowledge, Three Dialogues between Hylas and Philonous.* Cleveland: World, Meridian Books, 1969. pp. 7-39.

Winkler, Kenneth P., *Berkeley: An Interpretation.* Oxford: Clarendon, 1989.

Yolton, John W. *Locke and the Compass of Human Understanding.* Cambridge: At the University Press, 1970.

_____ *Thinking Matter: Materialism in Eighteen-Century Britian.* Oxford: Basil Blackwell, 1984.

《聖經》現代中文譯本，香港：聯合聖經公會，1979。

《四書纂疏》臺北：學海出版社，1980。

蔡信安，《洛克悟性哲學》，臺北，東大，1988。

索　引

一、人　名

二　畫

三　畫

四　畫

五　畫

八　畫

九　畫

十　畫

十 一 畫

十 二 畫

二、專有名詞

四　畫

五　畫

六　畫

直接見到 77-84, 101-102

九　　畫

指謂論 (denotation theory of meaning) 87-88
後天觀念 (a posteriori idea)
信仰 (faith) 134-144
急功好利 151, 190
柏拉圖主義 (platonism) 3, 8-9, 25, 48-50

十　　畫

效益原則 (principle of utility) 142, 144, 149, 151-152, 161,
　195-196
效益主義 (utilitarianism) 30
高尚的野蠻人 (noble savage) 151-152
倫理主智主義 61
被動論證 (the passivity argument) 111
神的存在 (existence of God) 60, 109-116, 137-139
原物質 (materia prima) 71, 123
原罪 (original sin) 13, 104, 120, 136, 138-139, 188
消極道德律 (negative moral precept) 30, 177-184, 195
脈絡論 (contextualism) 48-50, 53
時、空 (space-time) 15, 17, 72, 125, 127
悟性 (understanding) 75, 128

十 一 畫

十 二 畫

十 三 畫

十 四 畫

二十五畫

世界哲學家叢書 (七)

書　　　　　名	作　　者	出版狀況
洛　　爾　　斯	石元康	已　出　版
諾　　錫　　克	石元康	撰　稿　中
希　　　　　克	劉若韶	撰　稿　中
尼　　布　　爾	卓新平	已　出　版
馬丁・布伯	張賢勇	撰　稿　中
蒂　　里　　希	何光滬	撰　稿　中
德　　日　　進	陳澤民	撰　稿　中

世界哲學家叢書 (六)

書　　　　　名	作　　者	出　版　狀　況
皮　　亞　　杰	杜　麗　燕	撰　　稿　　中
馬　　利　　丹	楊　世　雄	撰　　稿　　中
馬　　賽　　爾	陸　達　誠	排　　印　　中
梅露・彭廸	岑　溢　成	撰　　稿　　中
德　　希　　達	張　正　平	撰　　稿　　中
呂　　格　　爾	沈　清　松	撰　　稿　　中
克　　羅　　齊	劉　綱　紀	撰　　稿　　中
懷　　德　　黑	陳　奎　德	撰　　稿　　中
玻　　　　　爾	戈　　革	已　　出　　版
卡　　納　　普	林　正　弘	撰　　稿　　中
卡爾巴柏	莊　文　瑞	撰　　稿　　中
柯　　靈　　烏	陳　明　福	撰　　稿　　中
穆　　　　　爾	楊　樹　同	撰　　稿　　中
維　根　斯　坦	范　光　棣	撰　　稿　　中
奧　　斯　　丁	劉　福　增	已　　出　　版
史　　陶　　生	謝　仲　明	撰　　稿　　中
赫　　　　　爾	馮　耀　明	撰　　稿　　中
帕爾費特	戴　　華	撰　　稿　　中
魯　　一　　士	黃　秀　璣	排　　印　　中
珀　　爾　　斯	朱　建　民	撰　　稿　　中
散　塔　雅　納	黃　秀　璣	撰　　稿　　中
詹　　姆　　斯	朱　建　民	撰　　稿　　中
杜　　　　　威	李　常　井	撰　　稿　　中
史　賓　格　勒	商　戈　令	已　　出　　版
奎　　　　　英	成　中　英	撰　　稿　　中

世界哲學家叢書 (五)

書　　　　　名	作　　者	出版狀況
盧　　　　　梭	江　金　太	撰　稿　中
孟　德　斯　鳩	侯　鴻　勛	撰　稿　中
康　　　　　德	關　子　尹	撰　稿　中
費　　希　　特	洪　漢　鼎	撰　稿　中
黑　格　爾	徐　文　瑞	撰　稿　中
叔　本　華	劉　　東	撰　稿　中
尼　　　　　采	胡　其　鼎	撰　稿　中
祁　克　果	陳　俊　輝	已　出　版
約　翰　彌　爾	張　明　貴	已　出　版
費　爾　巴　哈	周　文　彬	撰　稿　中
恩　格　斯	金　隆　德	撰　稿　中
狄　爾　泰	張　旺　山	已　出　版
韋　　　　　伯	陳　忠　信	撰　稿　中
卡　西　勒	江　日　新	撰　稿　中
雅　斯　培	黃　　藿	已　出　版
胡　塞　爾	蔡　美　麗	已　出　版
馬克斯・謝勒	江　日　新	已　出　版
海　德　格	項　退　結	已　出　版
高　達　美	張　思　明	撰　稿　中
漢　娜　鄂　蘭	蔡　英　文	撰　稿　中
盧　卡　契	謝　勝　義	撰　稿　中
阿　多　爾　諾	章　國　鋒	撰　稿　中
哈　伯　馬　斯	李　英　明	已　出　版
馬　克　弗　森	許　國　賢	撰　稿　中
柏　格　森	尚　建　新	撰　稿　中

世界哲學家叢書(四)

書　　　　　名	作　者	出　版　狀　況
山　崎　闇　齋	岡　田　武　彥	已　出　版
三　宅　尚　齋	海老田輝巳	撰　稿　中
中　江　藤　樹	木　村　光　德	撰　稿　中
貝　原　益　軒	岡　田　武　彥	已　出　版
荻　生　徂　徠	劉　梅　琴	撰　稿　中
安　藤　昌　益	王　守　華	撰　稿　中
富　永　仲　基	陶　德　民	撰　稿　中
楠　本　端　山	岡　田　武　彥	已　出　版
吉　田　松　陰	山　口　宗　之	已　出　版
福　澤　諭　吉	卜　崇　道	撰　稿　中
西　田　幾　多　郎	廖　仁　義	撰　稿　中
柏　拉　圖	傅　佩　榮	撰　稿　中
亞　里　斯　多　德	曾　仰　如	已　出　版
聖　奧　古　斯　丁	黃　維　潤	撰　稿　中
伊　本　・　赫　勒　敦	馬　小　鶴	排　印　中
聖　多　瑪　斯	黃　美　貞	撰　稿　中
笛　卡　兒	孫　振　青	已　出　版
蒙　田	郭　宏　安	撰　稿　中
斯　賓　諾　莎	洪　漢　鼎	已　出　版
萊　布　尼　玆	陳　修　齋	撰　稿　中
培　根	余　麗　嫦	撰　稿　中
霍　布　斯	余　麗　嫦	撰　稿　中
洛　克	謝　啓　武	撰　稿　中
巴　克　萊	蔡　信　安	已　出　版
休　謨	李　瑞　全	撰　稿　中

世界哲學家叢書 (三)

書　　　　　名	作　　者	出　版　狀　況
智　　　　　旭	熊　　琬	撰　稿　中
章　太　炎	姜　義　華	已　出　版
熊　十　力	景　海　峰	已　出　版
梁　漱　溟	王　宗　昱	已　出　版
金　岳　霖	胡　　軍	排　印　中
張　東　蓀	胡　偉　希	撰　稿　中
馮　友　蘭	殷　　鼎	已　出　版
唐　君　毅	劉　國　強	撰　稿　中
賀　　　　　麟	張　學　智	已　出　版
龍　　　　　樹	萬　金　川	撰　稿　中
無　　　　　著	林　鎮　國	撰　稿　中
世　　　　　親	釋　依　昱	撰　稿　中
商　　羯　羅	黃　心　川	撰　稿　中
泰　戈　爾	宮　　靜	已　出　版
奧羅賓多・高士	朱　明　忠	撰　稿　中
甘　　　　　地	馬　小　鶴	撰　稿　中
拉達克里希南	宮　　靜	撰　稿　中
元　　　　　曉	李　箕　永	撰　稿　中
休　　　　　靜	金　煐　泰	撰　稿　中
知　　　　　訥	韓　基　斗	撰　稿　中
李　栗　谷	宋　錫　球	排　印　中
李　退　溪	尹　絲　淳	撰　稿　中
道　　　　　元	傅　偉　勳	撰　稿　中
伊　藤　仁　齋	田　原　剛	撰　稿　中
山　鹿　素　行	劉　梅　琴	已　出　版

世界哲學家叢書 (一)

書　　　　　名	作　　者	出版狀況
朱　　舜　　水	李　甦　平	撰　稿　中
王　　船　　山	張　立　文	撰　稿　中
眞　　德　　秀	朱　榮　貴	撰　稿　中
劉　　蕺　　山	張　永　儁	撰　稿　中
黃　　宗　　羲	盧　建　榮	撰　稿　中
顧　　炎　　武	葛　榮　晉	撰　稿　中
顏　　　　　元	楊　慧　傑	撰　稿　中
戴　　　　　震	張　立　文	已　出　版
竺　　道　　生	陳　沛　然	已　出　版
眞　　　　　諦	孫　富　支	撰　稿　中
慧　　　　　遠	區　結　成	已　出　版
僧　　　　　肇	李　潤　生	已　出　版
智　　　　　顗	霍　韜　晦	撰　稿　中
吉　　　　　藏	楊　惠　南	已　出　版
玄　　　　　奘	馬　少　雄	撰　稿　中
法　　　　　藏	方　立　天	已　出　版
惠　　　　　能	楊　惠　南	撰　稿　中
澄　　　　　觀	方　立　天	撰　稿　中
宗　　　　　密	冉　雲　華	已　出　版
永　明　延　壽	冉　雲　華	撰　稿　中
湛　　　　　然	賴　永　海	排　印　中
知　　　　　禮	釋　慧　嶽	撰　稿　中
大　慧　宗　杲	林　義　正	撰　稿　中
袾　　　　　宏	于　君　方	撰　稿　中
憨　山　德　清	江　燦　騰	撰　稿　中

世界哲學家叢書 (一)

書　　　　　名	作　　者	出 版 狀 況
孟　　　　　子	黃　俊　傑	排　印　中
老　　　　　子	劉　笑　敢	撰　稿　中
莊　　　　　子	吳　光　明	已　出　版
墨　　　　　子	王　讚　源	撰　稿　中
淮　　南　　子	李　　　增	已　出　版
賈　　　　　誼	沈　秋　雄	撰　稿　中
董　　仲　　舒	韋　政　通	已　出　版
揚　　　　　雄	陳　福　濱	撰　稿　中
王　　　　　充	林　麗　雪	已　出　版
王　　　　　弼	林　麗　真	已　出　版
嵇　　　　　康	莊　萬　壽	撰　稿　中
劉　　　　　勰	劉　綱　紀	已　出　版
周　　敦　　頤	陳　郁　夫	已　出　版
邵　　　　　雍	趙　玲　玲	撰　稿　中
張　　　　　載	黃　秀　璣	已　出　版
李　　　　　覯	謝　善　元	已　出　版
王　　安　　石	王　明　蓀	撰　稿　中
程顥、程頤	李　日　章	已　出　版
朱　　　　　熹	陳　榮　捷	已　出　版
陸　　象　　山	曾　春　海	已　出　版
陳　　白　　沙	姜　允　明	撰　稿　中
王　　廷　　相	葛　榮　晉	已　出　版
王　　陽　　明	秦　家　懿	已　出　版
李　　卓　　吾	劉　季　倫	撰　稿　中
方　　以　　智	劉　君　燦	已　出　版